Sp J 629.13009 NAH

Nahum, Andrew.

WITHDRAWN

Máquinas voladoras /

4x 9/06 LT 9/08

2X 11/98   6/00   SOUTHEAST

only copy

8234

D0475301

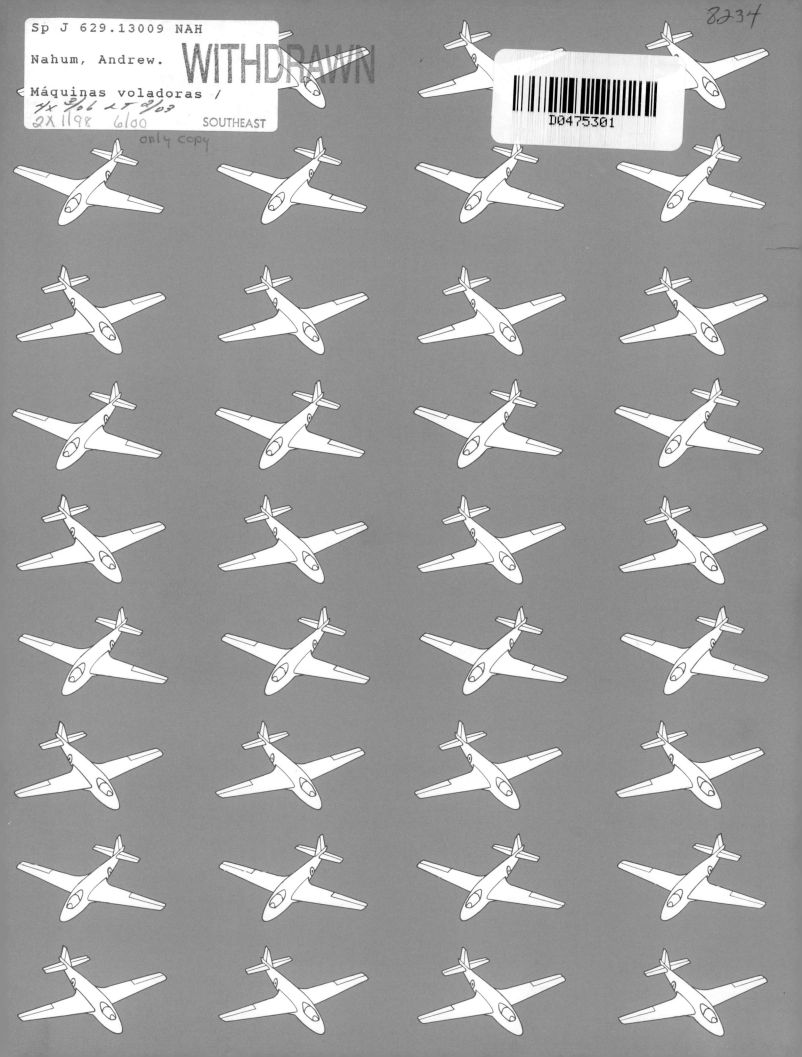

máquinas
voladoras

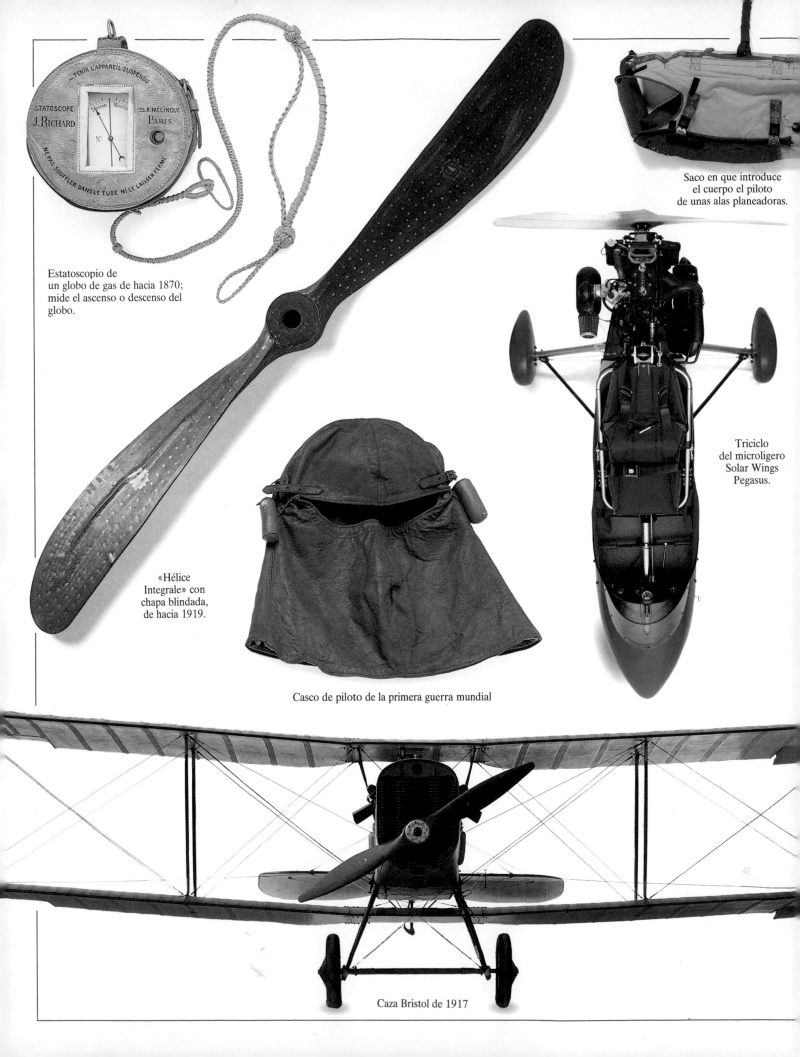

Estatoscopio de
un globo de gas de hacia 1870;
mide el ascenso o descenso del
globo.

Saco en que introduce
el cuerpo el piloto
de unas alas planeadoras.

Triciclo
del microligero
Solar Wings
Pegasus.

«Hélice
Integrale» con
chapa blindada,
de hacia 1919.

Casco de piloto de la primera guerra mundial

Caza Bristol de 1917

máquinas voladoras

por
Andrew Nahum

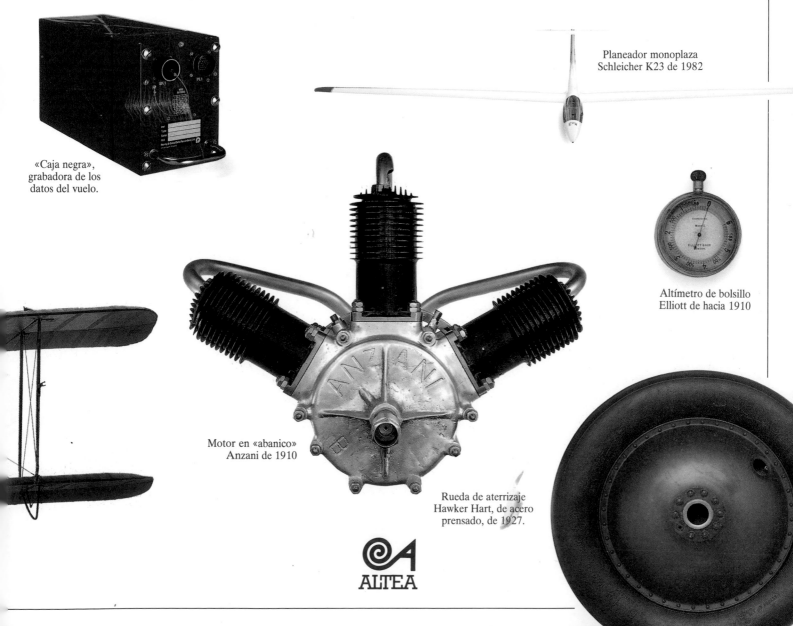

Anenómetro de hacia 1910, basado en la presión ejercida por el aire sobre un muelle.

«Caja negra», grabadora de los datos del vuelo.

Planeador monoplaza Schleicher K23 de 1982

Altímetro de bolsillo Elliott de hacia 1910

Motor en «abanico» Anzani de 1910

Rueda de aterrizaje Hawker Hart, de acero prensado, de 1927.

ALTEA

Tren de aterrizaje
del Deperdussin
de 1909.

Ventilador delantero
del motor turbofan
Rolls-Royce Tay.

Pala de la hélice
experimental
Paragon de 1909.

Medidor de Mach de hacia 1960

DK

A DORLING KINDERSLEY BOOK

Consejo editorial:

Londres:
Peter Kindersley, John Farndon, Mark Richards,
Sophie Mitchell, Julia Harris, Sue Unstead, Anne-Marie Bulat,
Dave King, Peter Chadwick, Mike Dunning

París:
Pierre Marchand, Jean-Olivier Héron,
Christine Baker, Anne de Bouchony,
Catherine de Sairigné-Bon

Madrid:
María Puncel

Traducido por Ana Bermejo
Asesoría técnica para la versión española de Alejo Barja de Soroa

Título original: Eyewitness Encyclopedia. Volume 22: Flying Machine

Publicado originalmente en 1990 en Gran Bretaña por Dorling
Kindersley Limited, 9 Henrietta st., London WC2E 8PS
y en Francia por Éditions Gallimard, 5 rue Sébastien Bottin, 75008 Paris.

© 1990 by Dorling Kindersley Limited, Londres
y Éditions Gallimard, París

© 1992, Altea, Taurus, Alfaguara, S.A. de C.V.
de la presente edición en lengua española.
Av. Universidad 767, Col. del Valle
C.P. 03100, México, D.F. Tel. 688 8966
ISBN: 968-6026-49-5

Todos los derechos reservados. Esta publicación no puede ser
reproducida, ni en todo ni en parte, ni registrada en, o
transmitida por, un sistema de recuperación de información, en ninguna
forma ni por ningún medio, sea mecánico,
fotoquímico, electrónico, magnético, electroóptico, por
fotocopia o cualquier otro, sin el permiso previo por escrito
de los propietarios del copyright.

Este libro terminó de imprimirse en enero
de 1992 en los talleres de Toppan Printing Co.,
Singapur. Se tiraron 20 000 ejemplares
más sobrantes para reposición.

Partes de un
motor del
Vehículo Aéreo
de Vapor de
Henson y
Stringfellow
de 1845.

Cabina de piloto
del Deperdussin
de 1909.

Sumario

6
Volar como un ave

8
Más ligero que el aire

10
Planear allá arriba

12
Vuelo con motor

14
Los primeros aeroplanos

16
Aquellos magníficos aviadores

18
Alas dobles

22
La evolución del aeroplano

26
Avionetas

28
Aeromotores

30
La hélice

32
Grandes travesías

34
El reactor de línea aérea

36
La propulsión a reacción

38
Dispositivos de aterrizaje

40
El control del aeroplano

42
La cabina del piloto

44
El panel de mandos

46
Instrumentos de vuelo

48
Alas rotatorias

50
El helicóptero

54
El globo de aire caliente

56
El dirigible

58
Los modernos planeadores

60
Cometas para vuelos humanos

62
Aviones portátiles

64
Índice

Gafas y funda de mapas de la primera guerra mundial

Volar como un ave

En 1678, un cerrajero francés llamado Besnier intentó volar con unas alas que funcionaban como las patas palmeadas de un pato. Tuvo suerte de aterrizar con vida.

Desde los días del mítico Dédalo de la antigua Grecia, el hombre ha deseado volar como las aves. Durante siglos, algunos creyeron que si conseguían imitar a las aves y el movimiento de sus alas serían capaces de volar. En la Edad Media, en Europa, numerosos experimentadores imprudentes se ataron alas al cuerpo y se lanzaron al aire desde lo alto de torres o acantilados, para caer a plomo en el suelo, a veces con fatal desenlace. Más tarde, en el siglo xv, el brillante artista y pensador italiano Leonardo da Vinci realizó intensos estudios para descubrir los secretos del vuelo. También él creía que los hombres podían aprender a volar imitando a las aves. Pero Leonardo comprendió que los brazos humanos son demasiados débiles para agitar unas alas durante largo tiempo, por lo que dibujó algunos bocetos de «ornitópteros» o máquinas para mover las alas con movimientos parecidos a los de las aves. Siglos más tarde se descubrieron esos bocetos en sus cuadernos. Que se sepa, Leonardo nunca intentó construir las máquinas por él dibujadas y, ciertamente, de haberlo hecho, no habrían volado: imitar el vuelo de las aves es mucho más complicado de lo que el mismo Leonardo pensaba. Pero sus ideas constituyen uno de los primeros intentos científicos de inventar una máquina voladora.

Según una antigua leyenda griega, Dédalo fue el arquitecto que construyó el fabuloso laberinto del rey Minos de Creta. Después de finalizada la obra, Minos encerró a Dédalo en prisión para que no revelara el secreto del laberinto. Dédalo escapó con su hijo Ícaro volando por los aires con la ayuda de unas alas de plumas y cera que se había fabricado. En su entusiasmo, Ícaro se acercó demasiado al sol, que fundió la cera, y él se precipitó en el mar.

Bocetos de los cuadernos de Leonardo.

La mayoría de los aspirantes a aviadores —incluso Leonardo— suponían que las aves se impulsa a través del aire batiendo las alas hacia abajo y hacia atrás, como los remos de una barca. En realidad, el vuelo de las aves es mucho más complicado.

A SEMEJANZA DE LAS AVES

Los cuadernos de Leonardo muestran con cuánto interés estudió a las aves para resolver el enigma del vuelo y con cuánto ingenio inventó mecanismos para mover las alas de sus máquinas como las de un ave.

Creía que las aves «comprimen» el aire con las alas y de este modo se dan impulso hacia adelante. Así bosquejó complicados goznes y poleas para flexionar las alas. Pero estaba equivocado y realmente nunca entendió cómo las alas de un ave la elevan e impulsan a través del aire.

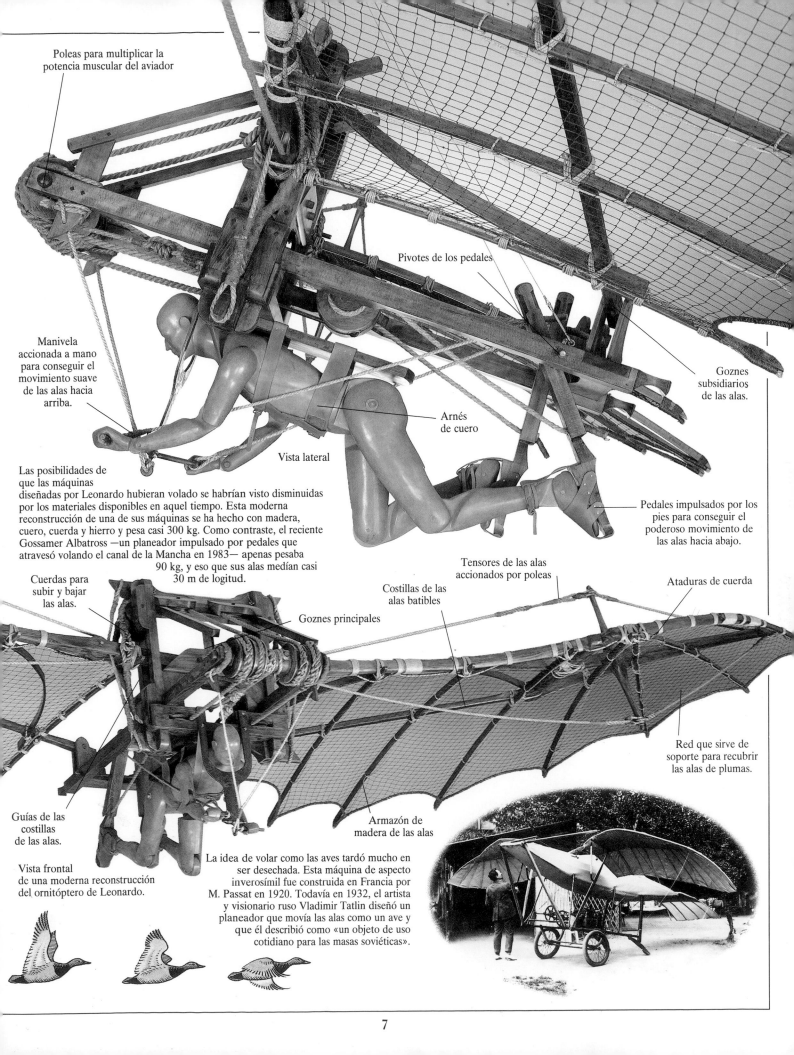

Poleas para multiplicar la
potencia muscular del aviador

Pivotes de los pedales

Manivela
accionada a mano
para conseguir el
movimiento suave
de las alas hacia
arriba.

Goznes
subsidiarios
de las alas.

Arnés
de cuero

Vista lateral

Las posibilidades de
que las máquinas
diseñadas por Leonardo hubieran volado se habrían visto disminuidas
por los materiales disponibles en aquel tiempo. Esta moderna
reconstrucción de una de sus máquinas se ha hecho con madera,
cuero, cuerda y hierro y pesa casi 300 kg. Como contraste, el reciente
Gossamer Albatross —un planeador impulsado por pedales que
atravesó volando el canal de la Mancha en 1983— apenas pesaba
90 kg, y eso que sus alas medían casi
30 m de logitud.

Pedales impulsados por los
pies para conseguir el
poderoso movimiento de
las alas hacia abajo.

Tensores de las alas
accionados por poleas

Cuerdas para
subir y bajar
las alas.

Costillas de las
alas batibles

Ataduras de cuerda

Goznes principales

Red que sirve de
soporte para recubrir
las alas de plumas.

Guías de las
costillas
de las alas.

Armazón de
madera de las alas

Vista frontal
de una moderna reconstrucción
del ornitóptero de Leonardo.

La idea de volar como las aves tardó mucho en
ser desechada. Esta máquina de aspecto
inverosímil fue construida en Francia por
M. Passat en 1920. Todavía en 1932, el artista
y visionario ruso Vladimir Tatlin diseñó un
planeador que movía las alas como un ave y
que él describió como «un objeto de uso
cotidiano para las masas soviéticas».

Más ligero que el aire

NO FUERON UNAS ALAS semejantes a las de las aves, sino un globo lleno de aire lo que permitió al hombre elevarse en el aire por primera vez. Desde tiempo muy antiguo hubo quien pensó que un globo lleno de un gas que fuera más ligero que el aire flotaría en éste como un barco en el agua. El problema estaba en encontrar ese gas. En la realidad, la primera solución fue sencillamente aire caliente, porque éste es menos denso que el aire frío. En 1783, los franceses hermanos Montgolfier construyeron un enorme globo de papel y lo llenaron de aire caliente. Ante un público de atónitos parisienses, el globo se elevó majestuosamente por el aire llevando a dos hombres. A los quince días se realizó en París un segundo vuelo histórico en globo, esta vez efectuado por Jacques Charles y M. Robert. Estos llenaron su globo, de seda reforzada con caucho, no de aire caliente, sino de hidrógeno, lo que había de resultar mucho más práctico.

Aro o anillo de carga suspendido de una red asegurada sobre la envoltura del globo.

El 21 de noviembre de 1783, François de Rozier y el marqués de Arlandes se conviertieron en los primeros aeronautas del mundo, cuando el magnífico globo de color azul y oro de los hermanos Montgolfier les trasladó por el aire sobre la ciudad de París.

—Cuerdas cortas mediante las que la cesta cuelga del anillo de carga.

Más de 400.000 personas presenciaron el histórico vuelo de Charles y Robert, conmemorado en este abanico.

En la sociedad parisina los globos se pusieron de moda y la gente se desvivía por comprar objetos que, como esta transparencia de linterna mágica, recordaban la nueva maravilla de la época. Empujando la parte inferior, se producía la ilusión de que el globo ascendía.

Fuerte reborde para soportar el peso del equipaje y del lastre que se arrojaba para reducir el peso y mantener la altura.

A finales del siglo XIX, montar en globo llegó a ser un deporte de moda y caballeros acomodados competían por batir récords de distancia y altura.

Al aterrizar, los primeros globos chocaban a menudo contra el suelo con un golpe tremendo. Para aminorarlo, algunos llevaban debajo de la cesta una especie de amortiguadores de mimbre.

Los globos de gas se popularizaron en el siglo XIX, ya que permitían volar durante horas, a diferencia de los globos de aire caliente, que descendían tan pronto como el aire se enfriaba. Los globos de gas tenían dos cuerdas de mando: una dejaba salir el gas por una válvula que había en lo alto del globo, para descender, y otra abría «la juntura de cierre» para desinflar el globo una vez que éste se había posado felizmente en el suelo.

El dirigible

El problema de los globos era que simplemente flotaban en la dirección en que el viento los llevaba. En 1852, Henri Giffard construyó un globo en forma de cigarro impulsado por un motor de vapor para poder «dirigirlo». Más tarde, dotados de motores de gasolina y envolturas de estructura rígida, tales «dirigibles» se convirtieron en las primeras grandes aeronaves. En la década de 1920, enormes dirigibles transportaban viajeros a través del Atlántico como una línea aérea transoceánica.

Pero una serie de desastres causados por el hidrógeno, que es un gas inflamable, significaron el fin de los dirigibles.

La vista de grandes aeronaves que sobrevolaban el centro de las ciudades no podía por menos de inspirar temor.

La compañía alemana Zeppelin llevó la delantera en la construcción de dirigibles. Pero su aeronave gigante *Hindenburg*, de 245 m de longitud, fue destruida en 1937 en un terrible accidente en el que murieron 35 pasajeros (abajo).

El *Hindenburg* y un reactor «jumbo» dibujados en la misma escala.

Las carreras de globos se hicieron enormemente populares a finales del siglo XIX. Los aeronautas profesionales se subían a menudo al anillo de carga para hacer sitio en la barquilla a clientes no autorizados.

Barómetro de bolsillo de hacia 1909

Para mantener el globo a una altitud constante, había que arrojar por la borda lastre de arena para compensar la salida gradual de gas de la envoltura. Pero el equilibrio era delicado. Si se arrojaba demasiado lastre, el globo ascendía, obligando al aeronauta a dejar salir más gas, no sólo para hacer descender el globo, sino porque el gas se expande a mayor altura y tiene que ser purgado. La constante expulsión de gas y el lanzado de lastre acortaban los vuelos, por lo que pronto los aeronautas llevaron consigo unos «estatoscopios» muy sensibles que, basándose en las variaciones de la presión exterior, indicaban si el globo ascendía o descendía (izquierda).

Estatoscopio de hacia 1900.

Estatoscopio de hacia 1870

Ancla para sujetar el globo mientras se infla.

El hidrógeno con que se llenaban los globos se fabricaba dejando gotear ácido sulfúrico sobre limaduras de hierro en dispositivos como éste.

El hidrógeno es tan inflamable que resultaba vital conocer si había alguna fuga de este gas. Instrumentos como éste detectaban su presencia.

Cesta hecha de mimbre para que fuera ligera y a la vez resistente en los choques del aterrizaje.

Planear allá arriba

DURANTE ALGÚN
TIEMPO pareció que el
futuro del vuelo residía en los
globos y aeronaves más ligeras
que el aire. Pero el ingeniero
británico George Cayley, él al menos,
era de otra opinión. Estaba convencido
de que las alas también conseguirían llevar
al hombre por el aire. Su fuente de inspiración
fue un juguete familiar: la cometa. Ingeniosos
experimentos realizados con cometas enseñaron a
Cayley tanto sobre cómo las alas se elevan por el aire
que pudo construir una versión a escala humana, el primer
auténtico planeador de la historia. Pronto otros aspirantes
probaron suerte con planeadores. Procedían a la buena
ventura, pues nadie tenía una idea clara de cómo controlar su
aeroplano en el aire. En la década de 1890, un joven y
decidido alemán llamado Otto Lilienthal construyó una serie
de pequeños y frágiles planeadores —parecidos a las
modernas alas planeadoras— y consiguió realizar con ellos
vuelos controlados. Su ejemplo fue crucial y con todo
derecho ha sido considerado «el primer aviador verdadero
del mundo».

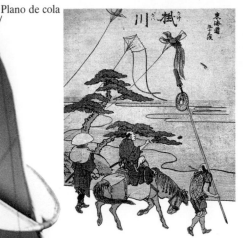

Plano de cola

Probablemente, las cometas eran conocidas en China hace más de 3.000 años. A Europa llegaron, procedentes de ese país, en el siglo XIV.

En todo el mundo se publicaron fotografías del planeador de Lilienthal, inspirando a muchos imitadores. Su método de vuelo era muy científico. Estudiaba cada problema con mirada analítica y probaba críticamente cada solución. Los aviadores debían aprender a planear, insistía, y a «familiarizarse con el aire» antes de arriesgarse a instalar en el planeador un motor, ingenio que fue decisivo para el éxito de los hermanos Wright (pág. 12).

Sir George Cayley

Cayley ideó numerosas máquinas voladoras diferentes, incluidos un dirigible y este planeador para una persona, que él llamó «paracaídas gobernable» (abajo).

La invención del aeroplano debe mucho al trabajo pionero del baronet inglés Sir George Cayley (1773-1857). Cayley fue el primero en descubrir cómo funcionan las alas y la aeronáutica moderna se basa en el planeador que él construyó en 1804, semejante a una cometa que tenía el ala delantera en ángulo hacia arriba y una cola estabilizadora. En 1853, a los ochenta años de edad, construyó un planeador de tamaño natural, en el que se cuenta que su aterrado cochero atravesó en vuelo un pequeño valle.

Cubierta de algodón sin barnizar para el ala.

Réplica del planeador n.º 11 de Lilienthal, del año 1895

Ala en avance de izquierda a derecha; las flechas azules indican la corriente de aire y la flecha vertical la sustentación.

Las alas son elevadas por el aire que fluye por encima y por debajo de ellas al cortar el aire. El aire de la corriente superior se acelera y estrecha, de modo que la presión en esa parte disminuye. Por el contrario, la corriente de aire inferior pierde velocidad y su presión aumenta. De este modo, el ala es absorbida desde arriba y empujada por abajo. Incluso una lámina plana proporciona algún empuje ascensional o sustentación, pero pioneros como Lilienthal descubrieron que una superficie curva o «combada» da mejores resultados. Hoy las alas son más gruesas y mucho más efectivas que las de aquellos pioneros. Las investigaciones realizadas con ordenador y túneles aerodinámicos ayudan a encontrar la forma adecuada para cada tipo de avión.

Por desgracia, Lilienthal murió en 1896 cuando volaba en uno de sus planeadores. El accidente no ocurrió en una ciudad, como sugiere este grabado, sino en campo abierto cerca de Berlín, cuando una ráfaga de viento hizo perder a Lilienthal el control del planeador.

Costillas de madera que mantienen la forma del ala.

Los hermanos Wright (pág. 14) adoptaron la misma estructura de doble ala unida de este biplano construido a mediados de la década de 1890 por el francoamericano Octave Chanute.

Aro de sauce para amortiguar los choques

Lilienthal sostenía con los antebrazos este planeador y lo dirigía balanceando las piernas para desplazar su centro de gravedad.

Muchos pioneros de la aviación creyeron que las cometas de tamaño natural suficiente como para transportar a un hombre tendrían futuro. Esta fue diseñada por el inventor del teléfono, Alexander Graham Bell.

Costillas de sauce

Vuelo con motor

En un planeador era, al fin, posible volar con alas, pero no durante mucho tiempo. Para recorrer volando una distancia considerable se necesitaba un motor. En 1845, dos ingleses, William Henson y John Stringfellow, habían construido una maqueta de aeroplano impulsado por un motor de vapor —el único entonces disponible— que pesaba muy poco. No se sabe si este modelo despegó realmente del suelo, pero demostró que la idea de una máquina voladora accionada por un motor había dejado de ser un sueño. A lo largo de los siguientes 50 años, muchos ingenieros imaginativos trataron de hacer volar aeronaves con motores de vapor, tanto maquetas como aeroplanos a escala real. Pero los motores de vapor resultaron tener poca potencia o ser demasiado pesados y para que el vuelo con motor se hiciera realidad se necesitó la invención de potentes y compactos motores de gasolina.

Desde antiguo se supo que para volar se necesitaba algo más que la fuerza del ser humano...

Estabilizador horizontal totalmente movible o timón de profundidad.

Alas cubiertas de seda con una envergadura de 6 m

Tirante del ala

Timón de dirección

Caldera

Polea del motor

Tubos de vapor

Biela

Cilindro y pistón

Henson y Stringfellow construyeron un motor de vapor, especialmente ligero, para su prototipo, con una caldera de menos de 25 cm de longitud. Suministraba calor al motor con un quemador de nafta o alcohol y el vapor era elevado en una hilera de tubos cónicos. (En la versión a escala real, la caldera habría tenido 50 de esos tubos, pero esta versión nunca se construyó). El vapor de la caldera hacía subir y bajar el pistón, que a su vez hacía girar la rueda de la polea de madera. Ésta, por su parte, accionaba las dos hélices mediante una correa de transmisión.

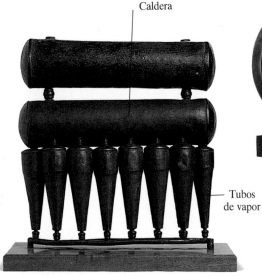

Stringfellow construyó otro modelo en 1848. Para lanzarlo, le hizo recorrer un alambre inclinado de 10 m y después lo soltó con el motor en marcha. Según algunos relatos, el modelo voló realmente con ayuda del motor, ascendiendo un poco antes de chocar contra un muro.

A finales del siglo XIX, los motores de vapor mejoraron considerablemente. En 1890, parece ser que el ingeniero francés Clement Ader consiguió despegar brevemente en su aeroplano *Éole*, que semejaba un murciélago y estaba impulsado por un motor de vapor.

Hélice propulsora hecha de seda con un armazón de madera.

Por fin, las alas en tándem hicieron estable el *Aerodrome*, el aeroplano del científico estadounidense Samuel Langley, a diferencia del *Éole* de Ader. En 1896, un modelo impulsado por un motor de vapor voló 1 km. Siete años más tarde, Langley construyó una versión de tamaño real, que funcionaba con el nuevo motor de gasolina, pero por dos veces se estrelló al despegar.

Alojamiento del motor

Ventana pintada para indicar dónde estaría en la versión a escala real.

El «Vehículo Aéreo de Vapor» de Henson puede que pareciera extraño, pero tenía un diseño muy práctico. La estructura reformada con cables era sólida y eficaz y muchos de los elementos de esta máquina se utilizan hoy día. Rasgos como la cola separada, con timón de dirección y timón de altura, y las alas combadas han sido ampliamente empleados más tarde. Si hubiera dispuesto de una potencia adecuada, este aparato probablemente habría volado.

Ruedas de lanzamiento

Henson fue un hombre de una visión extraordinaria. Con el fin de conseguir dinero para construir un aeroplano de tamaño real, creó la Aerial Steam Carriage Transit Company y publicó un folleto en el que explicaba cómo su máquina transportaría algún día pasajeros de una parte a otra del mundo. Dibujos muy detallados mostraban a la aeronave en vuelo sobre Londres, Bombay y hasta sobre las pirámides de Egipto. También mostraban rampas de lanzamiento de ladrillo, a escala real, que parecían viaductos de ferrocarril (abajo). Por desgracia, sus ideas fueron recibidas con desprecio.

Rampa acanalada de lanzamiento

Los primeros aeroplanos

Ala de lino extendido sobre un armazón de madera y tratado para que se mantenga tenso.

UN FRÍO JUEVES de diciembre de 1903, en Kitty Hawk, en el este de los Estados Unidos, la máquina voladora con motor de gasolina construida por los hermanos Orville y Wilbur Wright se elevó inestablemente en el aire, voló 40 m y después se posó en el suelo sin ningún contratiempo. Se había llevado a cabo el primer vuelo continuado y controlado en un aeroplano impulsado por motor. La noticia de la hazaña de los hermanos Wright fue recibida al principio con incredulidad en Europa, pero su éxito no era una casualidad. Habían estado mejorando metódicamente sus diseños —y, especialmente, su destreza de vuelo— desde 1899. Cuando Wilbur llevó el *Flyer* a Francia en 1908, estaba claro que los Wright iban muy por delante de los pioneros de la aviación en Europa. Pero la aviación realizaba ya en todas partes grandes progresos a una velocidad asombrosa. Los vuelos ininterrumpidos fueron pronto casi una rutina. En 1909, Louis Blériot cruzó en uno de sus pequeños y elegantes aeroplanos los 41 km que separan Francia de Inglaterra sobre el canal de la Mancha.

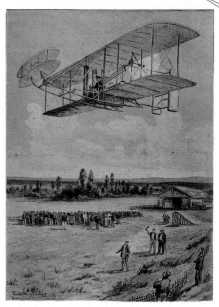

Los hermanos Wright comprobaron que su aeroplano necesitaba algún tipo de control para que no alabeara de un lado a otro. Con esta finalidad, el *Flyer* tenía cables para «torcer» las alas de modo que se elevara un lado u otro. Esto significaba que el aeroplano no sólo podía volar en horizontal, sino alabear (es decir, oscilar sobre su eje longitudinal) para virar, como una bici al doblar una esquina (arriba).

Cabina del piloto

Innovador tren de aterrizaje con suspensión a base de una cuerda elástica que amortigua los choques.

Cables de control para torcer las alas.

Vista lateral del Type XI de Blériot

Los primeros intentos de Louis Blériot por volar, desde el año 1905, fracasaron y el aviador francés se estrelló varias veces. Pero fue uno de los primeros en construir un «monoplano», que pronto se haría familiar, en una sola ala, cola separada y motor delantero. En 1908, inspirándose en la forma en que los Wright controlaban su aeroplano, añadió a los suyos, con excelentes resultados, cables para doblar las alas. El Type XI de arriba es idéntico al aeroplano en que Blériot sobrevoló el canal de la Mancha el 25 de julio de 1909 (a la izquierda).

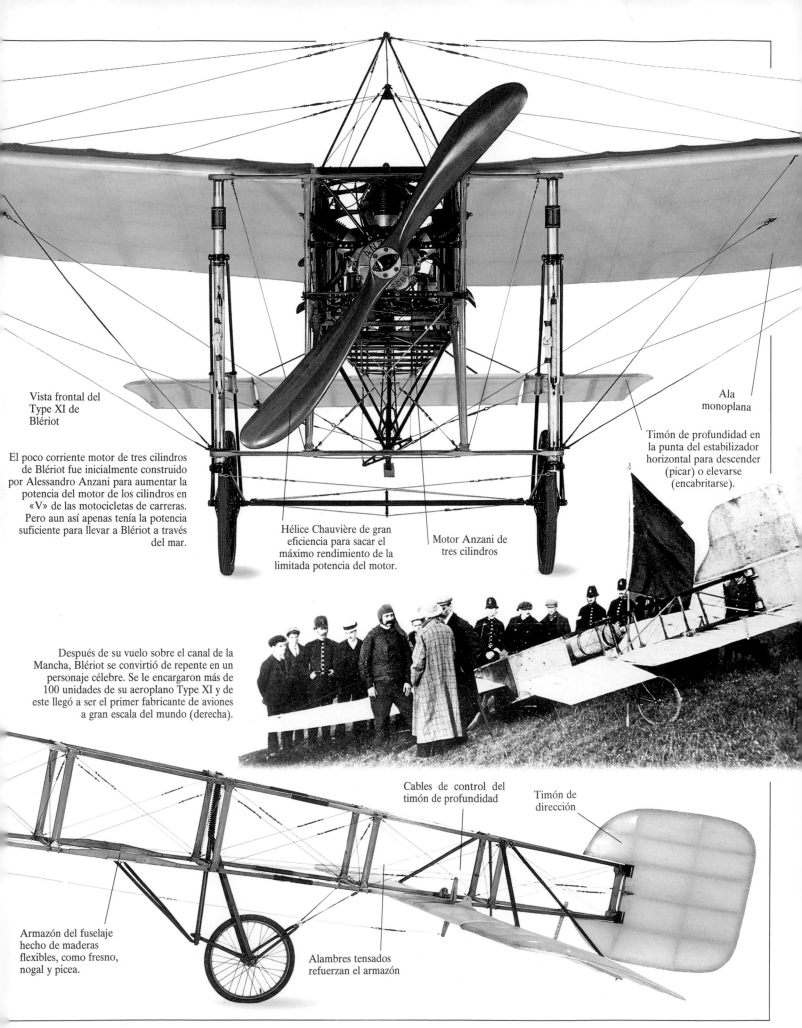

Vista frontal del
Type XI de
Blériot

El poco corriente motor de tres cilindros
de Blériot fue inicialmente construido
por Alessandro Anzani para aumentar la
potencia del motor de los cilindros en
«V» de las motocicletas de carreras.
Pero aun así apenas tenía la potencia
suficiente para llevar a Blériot a través
del mar.

Hélice Chauvière de gran
eficiencia para sacar el
máximo rendimiento de la
limitada potencia del motor.

Motor Anzani de
tres cilindros

Ala
monoplana

Timón de profundidad en
la punta del estabilizador
horizontal para descender
(picar) o elevarse
(encabritarse).

Después de su vuelo sobre el canal de la
Mancha, Blériot se convirtió de repente en un
personaje célebre. Se le encargaron más de
100 unidades de su aeroplano Type XI y de
este llegó a ser el primer fabricante de aviones
a gran escala del mundo (derecha).

Cables de control del
timón de profundidad

Timón de
dirección

Armazón del fuselaje
hecho de maderas
flexibles, como fresno,
nogal y picea.

Alambres tensados
refuerzan el armazón

15

Aquellos magníficos aviadores

LAS HAZAÑAS DE LOS WRIGHT, de Blériot y de otros valientes e inventivos pioneros suscitaron un enorme entusiasmo y la aviación llegó a ser la sensación de la época. Los intrépidos jóvenes que demostraban su pericia voladora en exhibiciones aéreas pronto se convirtieron en superestrellas. Cuando los espectadores de un teatro de París advirtieron en cierta ocasión la presencia de Adolphe Pégoud, uno de los primeros pilotos de demostración acrobáticas, interrumpieron el espectáculo para que Adolphe Pégoud les diera una charla sobre aviación. Se cuenta que otro piloto pionero, Louis Paulhan, ganó más de un millón de francos con sus proezas de vuelo. La verdad es que aquellos pilotos se ganaron merecidamente su fama, pues volar en sus aeroplanos era difícil y peligroso y abundaron los accidentes. Ir sentado en un asiento expuesto al viento era además incómodo y se pasaba mucho frío. Resultaba absolutamente indispensable ropa de abrigo. Blériot llevaba un mono cuando cruzó el canal de la Mancha, pero pronto se fabricaron atuendos especiales para pilotos.

Cuero blando

En los primeros tiempos, los pilotos volaban guiándose por referencia visual al terreno. Un buen juego de mapas constituía una ayuda inestimable.

Forro de lana

Unas botas abrigadas eran esenciales para los pilotos. Este par está forrado de piel blanda de carnero. Originariamente cubrían el muslo, pero el usuario las cortaba a su conveniencia.

La gruesa suela de goma evitaba resbalones al subir a bordo del aeroplano.

Este traje de hacia 1911 podía estar forrado de lana o acolchado.

Atuendo de aviador de alrededor de 1916

La primera guerra mundial impulsó un rápido desarrollo del atuendo de los aviadores. Esta selección constituía el equipo de las Reales Fuerzas Aéreas Británicas. El cuero era el mejor material conocido en aquella época, pero pronto fue reemplazado por trajes «Sidcot» de una pieza, hechos de algodón encerado y forrados de seda y piel.

Cuello extensible
para mayor abrigo

Asideros para
la sujeción
de las gafas.

Cascos tipo capucha con máscaras para la
cara, como éste, se utilizaban a veces en
vuelos a gran altitud. Pero algunos «ases»
se sentían más alerta volando sin casco ni
gafas.

Para la mayoría de los pilotos, las gafas
proporcionaban una protección vital a los
ojos contra el viento. Este par está hecho
de cristal inastillable y teñido para reducir
el deslumbramiento.

Guantes de cuero forrados
con piel de carnero

Puños abotonados
para impedir la
entrada del viento.

Expuestas al
viento sobre los
mandos del
avión, las
manos podían
congelarse
rápidamente si
no se las
protegía con
guantes de
abrigo.

En la primera
guerra mundial,
las cada vez más
altas velocidades y
más largos vuelos
exigieron trajes que
protegieran más del viento,
en especial el cuello,
las muñecas y los
tobillos.

17

Alas dobles

LOS PRIMEROS AEROPLANOS tenían uno, dos, tres o incluso más juegos de alas y cada modelo tenía sus defensores. Pero el vuelo de travesía del canal de la Mancha llevado a cabo por Blériot (págs. 14-15) demostró lo efectivo que podía ser un monoplano (aeroplano con un solo par de alas). En los años siguientes, los monoplanos predominaron en las carreras aéreas debido a que los aeroplanos de varios pares de alas adolecían de una resistencia adicional al aire. Pero desgraciadamente los monoplanos de competición, sometidos a grandes esfuerzos, sufrieron accidentes con demasiada facilidad y en 1912 las autoridades militares francesas y británicas decidieron prohibir todos los monoplanos. Creían que un solo par de alas era peligroso, ya que para conseguir una superficie de sustentación similar a la de varios pares debían ser demasiado largas. La mejor combinación para lograr solidez y baja resistencia al aire parecieron constituirla los biplanos (aeroplanos con dos pares de alas). Así, cuando comenzó la primera guerra mundial, casi todos los cazas y aeroplanos de reconocimiento eran biplanos. Las exigencias de la guerra dieron un enorme impulso al desarrollo de la aviación. Al terminar el conflicto, el aeroplano era una máquina relativamente complicada y fiable.

Radiador de agua para la refrigeración del motor.

Hélice de madera

Pequeña hélice para accionar una «bomba Rotherham» que suministra combustible al motor.

Durante la primera guerra mundial se construyeron algunos triplanos (aeroplanos con tres pares de alas). Del triplano alemán Fokker de ese tiempo se dijo que tenía «un aspecto terrible y que subía como un ascensor». También era muy maniobrable. Pero la resistencia aerodinámica frenaba el avance de los triplanos y en 1917 ninguna fuerza aérea los utilizaba.

Los combates aéreos de la primera guerra mundial pusieron de manifiesto la maniobrabilidad que en poco tiempo habían alcanzado los aeroplanos. Se dice que el giro de Immelmann era la forma preferida por los pilotos para escapar de una persecución o para realizar un ataque rápido y retirarse. Pero parece poco probable que Max Immelmann o cualquier otro «as» de la aviación se expusieran tan peligrosamente volando cabeza abajo frente a la artillería del enemigo. Probablemente no era más que un encabritado con un viraje pronunciado.

Motor en «V» Hispano-Suiza de 8 cilindros y 300 cv.

Ametralladora Vickers que disparaba hacia delante a través de un agujero del radiador.

Mecanismo para asegurar que la ametralladora sólo disparaba a través de la hélice cuando las palas estaban horizontales.

Palanca de mando para ascender, picar y alabear el aeroplano.

Cuando se libraban combates aéreos entre aeroplanos monoplazas Scout provistos de ametralladoras que disparaban hacia delante, como el piloto tenía que dirigir todo el aeroplano hacia el enemigo para disparar, la destreza de vuelo era vital.

Asiento del piloto

Cables de control del timón de dirección.

Barra del timón de dirección

Depósito de combustible

Armazón de fresno

Tirantes de refuerzo

Ruedas de aterrizaje con radios de alambre ligero.

Perfil de las alas

Caza Bristol de hacia 1917

En los primeros años de la guerra, la peligrosa tarea de descubrir y vigilar a la artillería enemiga era llevada a cabo por lentos biplazas, a menudo protegidos por monoplazas más rápidos. Cuando en 1917 apareció el caza británico Bristol, su poderoso motor permitió utilizarlo a la vez como avión de reconocimiento y como caza.

Continúa en la página siguiente

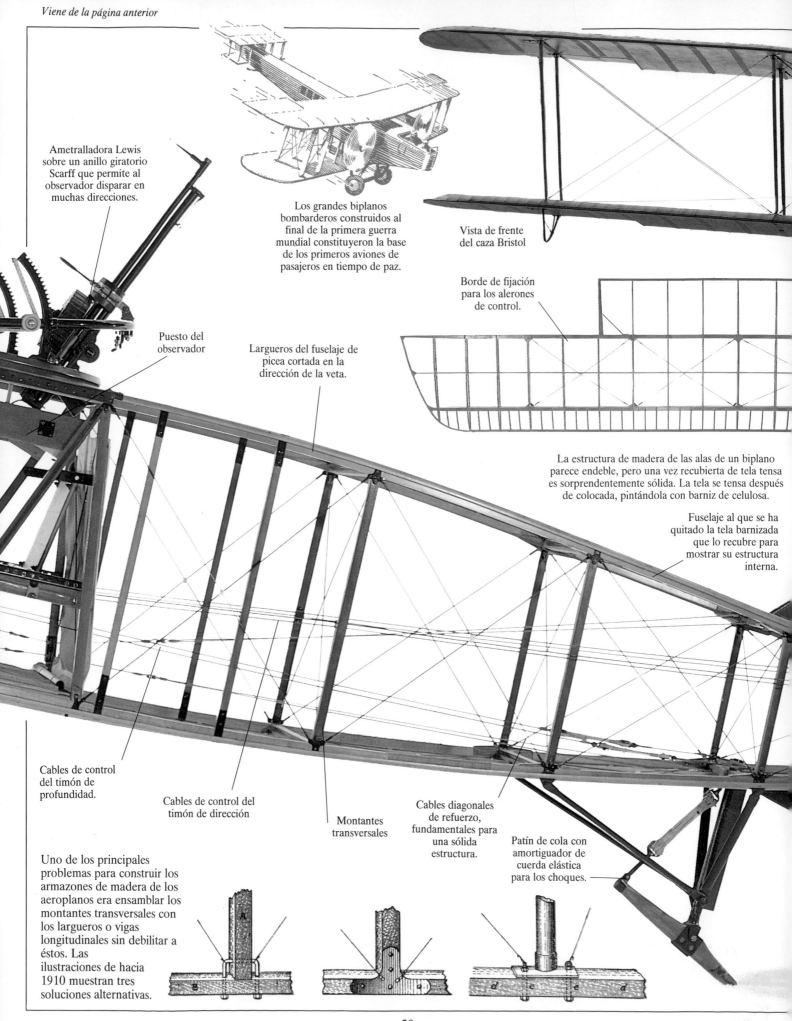

Ametralladora Lewis sobre un anillo giratorio Scarff que permite al observador disparar en muchas direcciones.

Los grandes biplanos bombarderos construidos al final de la primera guerra mundial constituyeron la base de los primeros aviones de pasajeros en tiempo de paz.

Vista de frente del caza Bristol

Borde de fijación para los alerones de control.

Puesto del observador

Largueros del fuselaje de picea cortada en la dirección de la veta.

La estructura de madera de las alas de un biplano parece endeble, pero una vez recubierta de tela tensa es sorprendentemente sólida. La tela se tensa después de colocada, pintándola con barniz de celulosa.

Fuselaje al que se ha quitado la tela barnizada que lo recubre para mostrar su estructura interna.

Cables de control del timón de profundidad.

Cables de control del timón de dirección

Montantes transversales

Cables diagonales de refuerzo, fundamentales para una sólida estructura.

Patín de cola con amortiguador de cuerda elástica para los choques.

Uno de los principales problemas para construir los armazones de madera de los aeroplanos era ensamblar los montantes transversales con los largueros o vigas longitudinales sin debilitar a éstos. Las ilustraciones de hacia 1910 muestran tres soluciones alternativas.

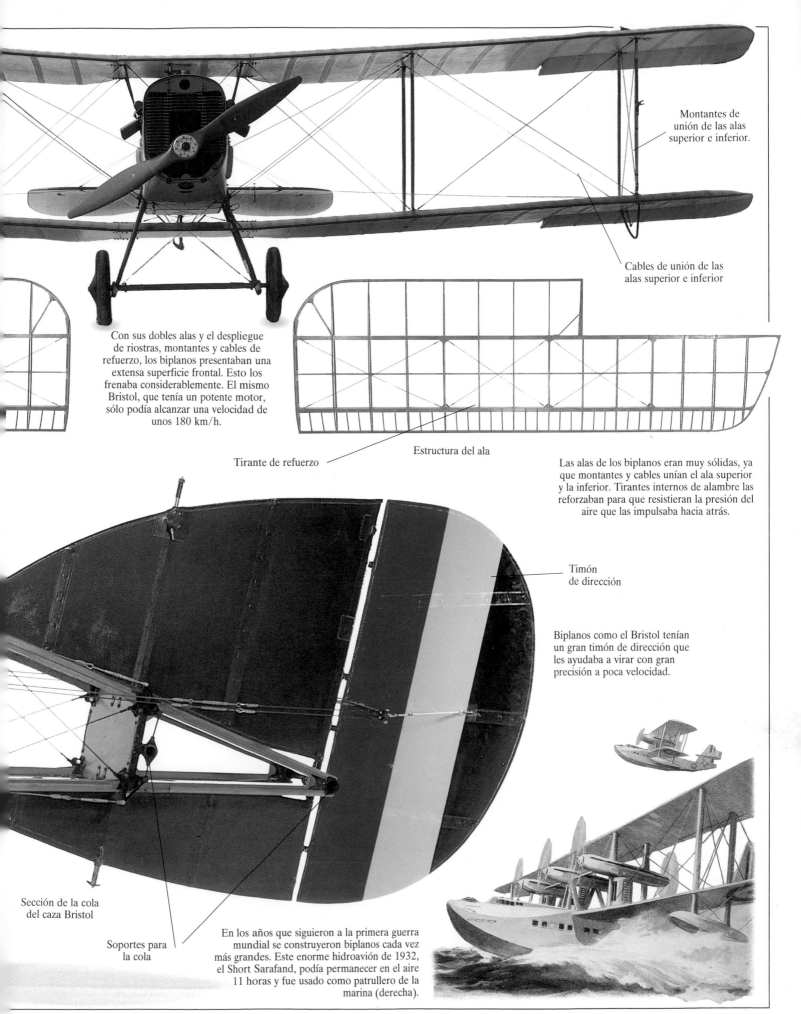

Montantes de
unión de las alas
superior e inferior.

Cables de unión de las
alas superior e inferior

Con sus dobles alas y el despliegue
de riostras, montantes y cables de
refuerzo, los biplanos presentaban una
extensa superficie frontal. Esto los
frenaba considerablemente. El mismo
Bristol, que tenía un potente motor,
sólo podía alcanzar una velocidad de
unos 180 km/h.

Tirante de refuerzo

Estructura del ala

Las alas de los biplanos eran muy sólidas, ya
que montantes y cables unían el ala superior
y la inferior. Tirantes internos de alambre las
reforzaban para que resistieran la presión del
aire que las impulsaba hacia atrás.

Timón
de dirección

Biplanos como el Bristol tenían
un gran timón de dirección que
les ayudaba a virar con gran
precisión a poca velocidad.

Sección de la cola
del caza Bristol

Soportes para
la cola

En los años que siguieron a la primera guerra
mundial se construyeron biplanos cada vez
más grandes. Este enorme hidroavión de 1932,
el Short Sarafand, podía permanecer en el aire
11 horas y fue usado como patrullero de la
marina (derecha).

21

La evolución del aeroplano

E<small>N LOS VEINTE AÑOS</small> que siguieron a la celebración de la primera exhibición aérea internacional, que tuvo lugar en agosto de 1909 en Reims (Francia), la aviación progresó a un ritmo asombroso. Los aeroplanos de 1909 eran en su mayor parte máquinas frágiles y lentas, con armazones de madera, abiertos y endebles, motores de escasa potencia y mandos rudimentarios. Ningún avión de la citada exhibición alcanzaba una velocidad de más de 75 km/h ni subía a una altura mayor de 150 m sobre el suelo. Al cabo de cuatro años había aviones que volaban a más de 200 km/h, ascendían hasta 6.000 m de altitud y ejecutaban acrobacias como rizos y toneles (pág. 41). En 1929, los torpes aeroplanos de madera eran ya casi objetos del pasado y nuevos aviones de metal con fuselajes y alas aerodinámicos surcaban el cielo a velocidades con las que antes no podía ni soñarse.

Deperdussin se contaba entre los más avanzados fabricantes de aeroplanos en los años anteriores a la primera guerra mundial y sus brillantes monoplanos consiguieron varios récords de velocidad. No obstante, este modelo muestra aún muchos rasgos característicos de los primitivos aeroplanos, con control de alabeo mediante torsión de las alas (pág. 14), un motor de poca potencia y abundantes refuerzos de cables.

Pendolón que sirve de punto de anclaje a los cables que sostienen las alas.

Depósito de latón colocado en alto para suministrar combustible al motor simplemente por la fuerza de la gravedad.

Cables que sostienen las alas del monoplano

Motor «radial» Anzani de 35 cv, de marcha más suave que el de forma de abanico, instalado en el aeroplano de Blériot (pág. 15).

Cable de control para la torsión del ala.

Alas elásticas en un solo plano.

Pieza movible

Cables que se tensan en vuelo cuando el ala experimenta la fuerza de sustentación.

Cables de la pieza movible para alabear las alas

Montantes del tren de aterrizaje que forman parte importante de la estructura del aeroplano.

La aviación experimentó inconmensurables progresos en los años anteriores a la primera guerra mundial. Los cazas biplanos de la guerra eran más rápidos y muchos más maniobrables que las aeronaves de los pioneros. Ligeros motores rotatorios permitían a cazas como este Sopwith Pup de 1917 alcanzar velocidades de 185 km/h o mayores, mientras que un mejor control hacía posible sostener espectaculares combates aéreos. Para alabear o virar el aeroplano, el piloto ya no tenía que torcer las alas, sino que levantaba o bajaba unos bordes articulados llamados «alerones», situados en los extremos de las sólidas y rígidas alas (págs. 40-41). Por entonces, los fuselajes estaban siempre cerrados y, hacia el final de la guerra, unos pocos fabricantes de aeroplanos comenzaron a experimentar con «monocascos», en los que toda la solidez se debía a una única envoltura en vez de tirantes y refuerzos internos.

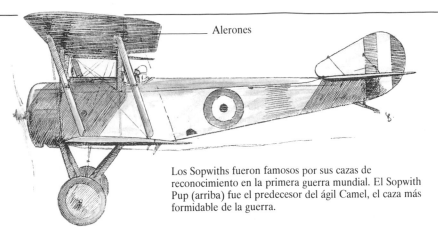

Alerones

Los Sopwiths fueron famosos por sus cazas de reconocimiento en la primera guerra mundial. El Sopwith Pup (arriba) fue el predecesor del ágil Camel, el caza más formidable de la guerra.

Visor de la ametralladora

Ametralladora Vickers

Capó de aluminio que recoge todo el aceite arrojado por el motor rotatorio.

Riostras aerodinámicas

Motor rotatorio Gnome de 100 cv

Una estudiada disposición de los cables de refuerzo da a la estructura una gran solidez, esencial para los combates aéreos.

Ranuras de escape

Eficiente ala combada

23

Continúa en la página siguiente

Viene de la página anterior

EL HAWKER HART DE 1927

Cerca del final de la primera guerra mundial, la escasez de madera persuadió a muchos fabricantes de aeroplanos a experimentar con metal y pronto se comprobó que éste era en realidad superior en múltiples conceptos. A lo largo de los años veinte, las fuerzas aéreas aún preferían los biplanos a los monoplanos por su robustez, buen manejo y baja velocidad de aterrizaje. Pero las alas de tejido y madera frecuentemente se combinaban con fuselajes monocasco de metal. Con motores muy potentes y formas más aerodinámicas tanto de las alas como del fuselaje se consiguió que hacia finales de la década incluso los biplanos volaran a más de 320 km/h.

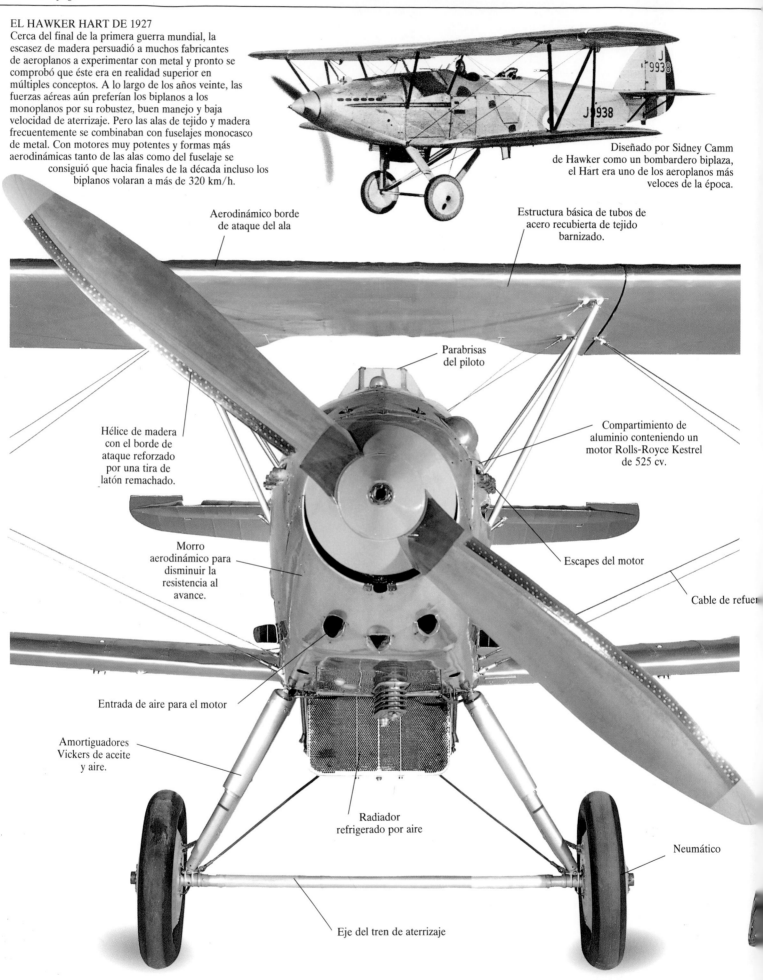

Diseñado por Sidney Camm de Hawker como un bombardero biplaza, el Hart era uno de los aeroplanos más veloces de la época.

Aerodinámico borde de ataque del ala

Estructura básica de tubos de acero recubierta de tejido barnizado.

Parabrisas del piloto

Compartimiento de aluminio conteniendo un motor Rolls-Royce Kestrel de 525 cv.

Hélice de madera con el borde de ataque reforzado por una tira de latón remachado.

Morro aerodinámico para disminuir la resistencia al avance.

Escapes del motor

Cable de refue

Entrada de aire para el motor

Amortiguadores Vickers de aceite y aire.

Radiador refrigerado por aire

Neumático

Eje del tren de aterrizaje

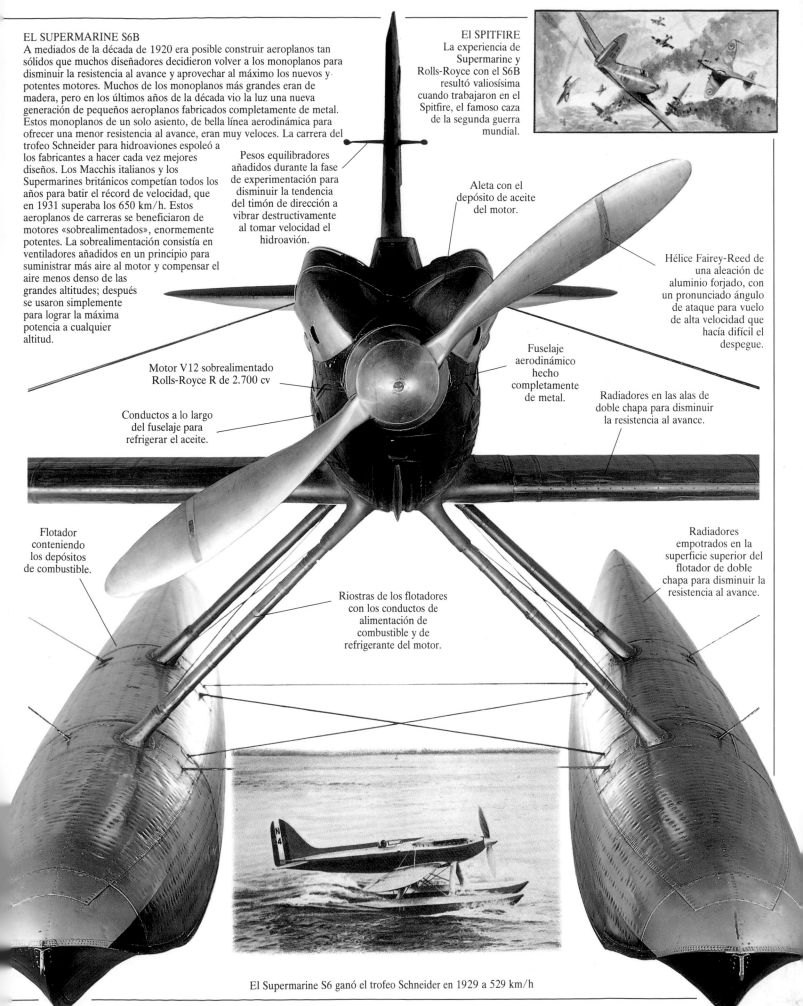

EL SUPERMARINE S6B

A mediados de la década de 1920 era posible construir aeroplanos tan sólidos que muchos diseñadores decidieron volver a los monoplanos para disminuir la resistencia al avance y aprovechar al máximo los nuevos y potentes motores. Muchos de los monoplanos más grandes eran de madera, pero en los últimos años de la década vio la luz una nueva generación de pequeños aeroplanos fabricados completamente de metal. Estos monoplanos de un solo asiento, de bella línea aerodinámica para ofrecer una menor resistencia al avance, eran muy veloces. La carrera del trofeo Schneider para hidroaviones espoleó a los fabricantes a hacer cada vez mejores diseños. Los Macchis italianos y los Supermarines británicos competían todos los años para batir el récord de velocidad, que en 1931 superaba los 650 km/h. Estos aeroplanos de carreras se beneficiaron de motores «sobrealimentados», enormemente potentes. La sobrealimentación consistía en ventiladores añadidos en un principio para suministrar más aire al motor y compensar el aire menos denso de las grandes altitudes; después se usaron simplemente para lograr la máxima potencia a cualquier altitud.

El SPITFIRE
La experiencia de Supermarine y Rolls-Royce con el S6B resultó valiosísima cuando trabajaron en el Spitfire, el famoso caza de la segunda guerra mundial.

Pesos equilibradores añadidos durante la fase de experimentación para disminuir la tendencia del timón de dirección a vibrar destructivamente al tomar velocidad el hidroavión.

Aleta con el depósito de aceite del motor.

Hélice Fairey-Reed de una aleación de aluminio forjado, con un pronunciado ángulo de ataque para vuelo de alta velocidad que hacía difícil el despegue.

Motor V12 sobrealimentado Rolls-Royce R de 2.700 cv

Fuselaje aerodinámico hecho completamente de metal.

Conductos a lo largo del fuselaje para refrigerar el aceite.

Radiadores en las alas de doble chapa para disminuir la resistencia al avance.

Flotador conteniendo los depósitos de combustible.

Radiadores empotrados en la superficie superior del flotador de doble chapa para disminuir la resistencia al avance.

Riostras de los flotadores con los conductos de alimentación de combustible y de refrigerante del motor.

El Supermarine S6 ganó el trofeo Schneider en 1929 a 529 km/h

Avionetas

La avioneta más famosa fue el *Spirit of St Louis*, en el que Charles Lindbergh cruzó en solitario el Atlántico en 1927.

AVIONETAS DE UN SOLO MOTOR se utilizan hoy en todo el mundo para el adiestramiento de pilotos, para transporte básico en lugares remotos y por el puro placer de volar. Son aviones muy sencillos, que generalmente tienen un tren fijo de aterrizaje, ala monoplana sobre la cabina, fuselaje y cola simples y un pequeño motor de gasolina que hace girar la hélice situada delante. Suelen responder a un diseño muy convencional y funcionan en gran parte como los aeroplanos de los pioneros de la aviación. Sólo los materiales son genuinamente nuevos, con aleaciones de aluminio y plástico en sustitución de la madera y tejido tradicionales.

Depósito de combustible con capacidad para 2 horas y media de vuelo o 190 km.

Pequeño motor Rotax de dos cilindros

La forma básica de las avionetas ha cambiado poco desde la segunda guerra mundial y los principales componentes de aviones como el Snowbird han sido familiares a los pilotos desde hace mucho tiempo. Sin embargo, el Snowbird constituye el más moderno y evolucionado de los «microligeros» (págs. 62-63). El resultado es una avioneta, que no sólo es muy ligera, sino que cuesta poco más que un coche familiar.

Aunque los aviones más grandes y más veloces usan generalmente motores a reacción, los motores de gasolina son muy adecuados para las avionetas.

Superestructura de la cabina, de aluminio ligero; el techo sirve de soporte a las alas.

Tren fijo de aterrizaje

Parte delantera del ala de lámina de aleación en forma de «D» para resistir la torsión.

En el panel de instrumentos del Snowbird, aparatos digitales electrónicos sustituyen a los relojes y cables usados tradicionalmente en las avionetas.

Las alas están especialmente diseñadas para proporcionar a cada avión la sustentación adecuada: la longitud del ala (la «envergadura») y su sección vertical («perfil») son fundamentales. Las alas deben ser a la vez ligeras y muy sólidas. Las tensiones que soportan las alas incluso de las avionetas más ligeras y lentas, al volar por el aire, son enormes. El ala del Snowbird, de tejido tensado sobre una estructura de aluminio, es extraordinariamente simple. Pero los tirantes transversales o costillas y las piezas de refuerzo deben ser diseñados con gran cuidado.

La falta de alerones hace muy sencillo el armazón de las alas.

La mayor parte de las avionetas tiene una hélice tradicional de dos palas de madera laminada, montada delante para tirar del aparato hacia delante.

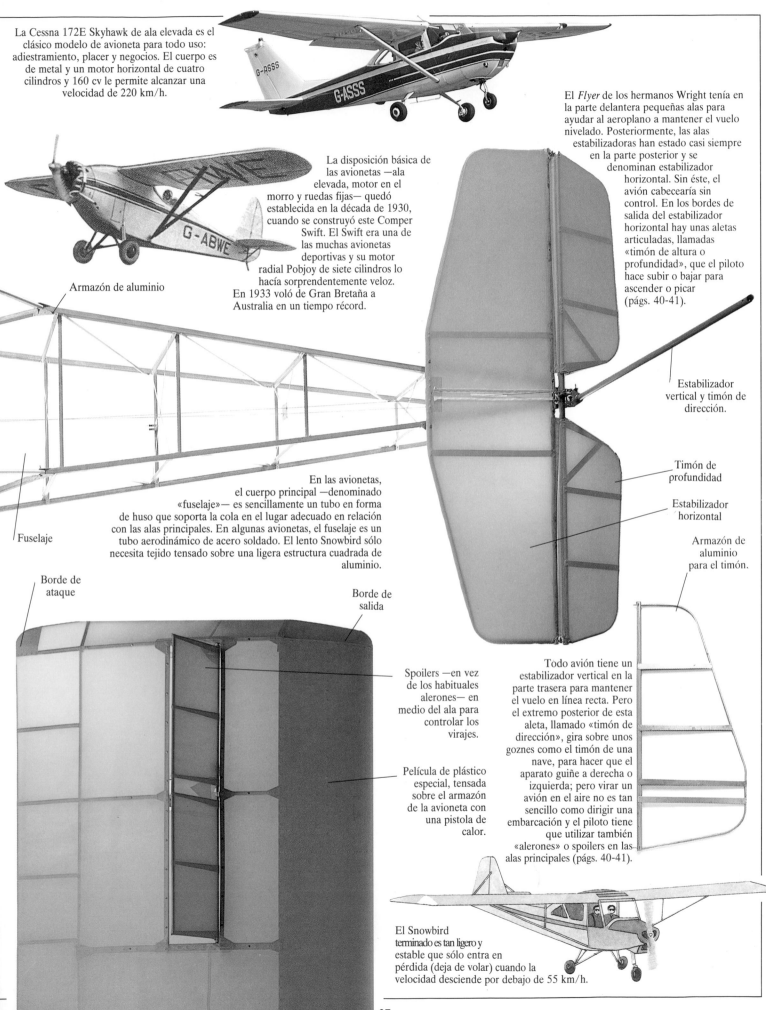

La Cessna 172E Skyhawk de ala elevada es el clásico modelo de avioneta para todo uso: adiestramiento, placer y negocios. El cuerpo es de metal y un motor horizontal de cuatro cilindros y 160 cv le permite alcanzar una velocidad de 220 km/h.

El *Flyer* de los hermanos Wright tenía en la parte delantera pequeñas alas para ayudar al aeroplano a mantener el vuelo nivelado. Posteriormente, las alas estabilizadoras han estado casi siempre en la parte posterior y se denominan estabilizador horizontal. Sin éste, el avión cabecearía sin control. En los bordes de salida del estabilizador horizontal hay unas aletas articuladas, llamadas «timón de altura o profundidad», que el piloto hace subir o bajar para ascender o picar (págs. 40-41).

La disposición básica de las avionetas —ala elevada, motor en el morro y ruedas fijas— quedó establecida en la década de 1930, cuando se construyó este Comper Swift. El Swift era una de las muchas avionetas deportivas y su motor radial Pobjoy de siete cilindros lo hacía sorprendentemente veloz. En 1933 voló de Gran Bretaña a Australia en un tiempo récord.

Armazón de aluminio

Fuselaje

En las avionetas, el cuerpo principal —denominado «fuselaje»— es sencillamente un tubo en forma de huso que soporta la cola en el lugar adecuado en relación con las alas principales. En algunas avionetas, el fuselaje es un tubo aerodinámico de acero soldado. El lento Snowbird sólo necesita tejido tensado sobre una ligera estructura cuadrada de aluminio.

Estabilizador vertical y timón de dirección.

Timón de profundidad

Estabilizador horizontal

Armazón de aluminio para el timón.

Borde de ataque

Borde de salida

Spoilers —en vez de los habituales alerones— en medio del ala para controlar los virajes.

Película de plástico especial, tensada sobre el armazón de la avioneta con una pistola de calor.

Todo avión tiene un estabilizador vertical en la parte trasera para mantener el vuelo en línea recta. Pero el extremo posterior de esta aleta, llamado «timón de dirección», gira sobre unos goznes como el timón de una nave, para hacer que el aparato guiñe a derecha o izquierda; pero virar un avión en el aire no es tan sencillo como dirigir una embarcación y el piloto tiene que utilizar también «alerones» o spoilers en las alas principales (págs. 40-41).

El Snowbird terminado es tan ligero y estable que sólo entra en pérdida (deja de volar) cuando la velocidad desciende por debajo de 55 km/h.

Aeromotores

Como los motores de coche, los motores de pistón de los aviones tienen bujías que inflaman el combustible para hacer descender el pistón en el cilindro.

EL VUELO CON MOTOR se convirtió en una posibilidad real cuando en los primeros años del siglo xx se desarrollaron los motores de pistón para coches. En realidad, muchos de los primitivos aeroplanos estaban impulsados por motores de automóviles y motocicletas, modificados por los ingeniosos aviadores. Lamentablemente, los motores de motocicleta refrigerados por aire perdían a menudo potencia o se gripaban en pleno vuelo, mientras de los motores de coche refrigerados por agua eran muy pesados. Por ello, los aviadores pronto comenzaron a construir sus propios motores, a la vez ligeros y extremadamente potentes. Los motores de pistón para aviones tenían cada vez más potencia y eran más complicados hasta que, poco después de la segunda guerra mundial, fueron desplazados por los motores a reacción y sólo siguieron usándose en las avionetas (págs. 26-27).

Carburador

Tubo de escape

Camisa refrigerante de cobre alrededor del cilindro.

Para disminuir el peso, algunos grandes aeromotores refrigerados por agua, como este ENV de hacia 1910, tenían unas camisas de agua de chapa de cobre muy fina que revestían los cilindros.

Sección de cilindro mostrando el pistón.

Tubo que conduce una mezcla de combustible y aire desde el carburador a los cilindros.

Pistón al que la ignición del combustible hace descender en el cilindro y el cigüeñal hace ascender de nuevo.

Cárter que contiene el cigüeñal movido por los pistones.

Brida para el tubo de escape

Cilindros de hierro fundido, con aletas para aumentar la refrigeración haciendo mejor el área de metal expuesta a la corriente de aire.

Como muchos de los primeros motores, este Anzani de 1910 «en abanico» provenía de una motocicleta. Anzani había colocado un cilindro más entre los dos cilindros originales del modelo en V para incrementar su potencia en carreras de motos y ascensos a montañas. Esta fue la clase de motor utilizado por Blériot en su travesía del canal de la Mancha en 1909. Su potencia de 25 cv apenas si era suficiente para el empeño y se cuenta que el motor se habría gripado si un oportuno chubasco no lo hubiera refrigerado.

Flotador para regular el nivel de combustible en el carburador.

Carburador para suministrar combustible a los cilindros al ritmo adecuado.

Aquí va montada la hélice, movida por el cigüeñal.

Los primeros aeromotores tenían
cilindros en línea, y necesitaban
pesados sistemas de refrigeración
por agua, o en círculo (radiales),
que no se refrigeraban
bien. En 1909, los
franceses hermanos Seguin
introdujeron el motor
«rotatorio». Como el
motor radial, tenía los
cilindros dispuestos en
anillo. Pero, a diferencia
del radial, los cilindros
giraban con la hélice
mientras que el
cigüeñal central
permanecía
inmóvil.

Cigüeñal que permanece
inmóvil mientras los
cilindros giran a su
alrededor.

Tubos de admisión que
conducen la mezcla de
combustible y aire del
cárter a los cilindros.

Válvulas que dejan
entrar el combustible
y salir los gases
quemados (escape).

Cilindros
refrigerados por
la corriente de
aire que se forma
a su alrededor
cuando giran.

El cárter del
cigüeñal gira
con los
cilindros.

Cilindros con finas aletas y
ligeras paredes de sólo
1 mm de espesor.

No todos los aviones de hélice eran
impusados por motores de pistón. El
enorme hidroavión Saunders Roe Princess
tenía seis grandes motores
turbopropulsados («turboprop»)
(pág. 36) que hacían girar doce
hélices.

Bielas de
los pistones unidas
a un único cojinete
alrededor del cigüeñal.

Los actuales
motores de pistón para avionetas son muy
ligeros y compactos. Este Weslake pesa sólo
8,4 kg y desarrolla tanta potencia como el
Anzani de Blériot de 1908, que pesaba
más de 70 kg.

Carburador

Eje de la hélice

Cilindro

La hélice

Parece que las hélices han cambiado desde los días iniciales de la aviación. Sin embargo, como los hermanos Wright advirtieron muy pronto, las hélices no son simplemente remos para el aire; son como alas giratorias que tiran del aeroplano hacia delante, del mismo modo que las alas lo impulsan hacia arriba. Por esto la forma de la hélice es tan crucial para el vuelo del aeroplano como la forma de las alas, y la sutil evolución del diseño de la hélice a lo largo del tiempo ha mejorado su eficiencia espectacularmente. A la vez, las hélices han ganado en solidez, a medida que en su construcción se ha pasado de los «laminados» (capas) de madera al aluminio forjado para adaptarse a la potencia cada vez mayor del motor.

PHILLIPS 1893
Esta primitiva hélice, diseñada por el experto en perfil de alas Horatio Phillips, se parece más a la de un barco. Sin embargo, funcionó bien logrando elevar un aeroplano experimental de vuelo «atado» que pesaba 180 kg.

Pala hecha de tiras de madera.

Ángulo (paso) de la pala que, cerca del eje, es mayor con respecto al plano de giro.

El extremo gira más lejos y más deprisa que el eje.

Sentido del giro de la hélice.

Eje

Borde de ataque

Borde de salida

PARAGON 1909
El perfil de esta hélice experimental es bueno, pero no era necesaria una forma tan curvada para la baja velocidad de giro de aquel tiempo.

La propulsión desarrollada por una hélice varía con su velocidad y el ángulo en el que sus palas se «atornillan» en el aire: su paso. Como la punta de la hélice gira más deprisa que el eje, la pala está curvada para que el paso sea más pronunciado cerca del eje y menos hacia la punta. Esto hace que la propulsión sea uniforme a lo largo de la pala.

Cubierta de latón para proteger la pala de las salpicaduras de agua.

LANG 1917
Larga y robusta, esta hélice laminada fue fabricada para ajustarse a la potencia de un motor Sunbeam de 225 cv en un hidroavión Short 184. Los revestimientos de latón de los extremos los protegen del desgaste producido por las salpicaduras de agua del mar.

WOTAN 1917
La construcción laminada es claramente visible en esa elegante hélice alemana. Para hacerla se encolaron las láminas, que ya tenían la forma aproximada, y después se las talló hasta darles su fina curvatura final.

A medida que fue aumentando la potencia de los motores, se fabricaron hélices con tres o cuatro palas poder con la mayor carga aerodinámica.

Remaches que sujetan la chapa de latón a la pala.

Lámina de picea y fresno

Engranaje giratorio que varía el paso de las palas.

HELE-SHAW-BEACHAM 1928
De una manera ideal, un avión necesita una hélice de paso muy pronunciado (ángulo de la pala casi recto respecto al plano de giro) para volar a velocidad de crucero y un paso suave (ángulo casi llano) para conseguir un buen impulso en el despegue. A finales de la década de 1920, muchos aviones comenzaron a usar hélices en las que el ángulo de las palas podía modificarse según las distintas condiciones. Esta hélice especial de «paso variable» era accionada mediante presión de aceite y por un motor.

FAIREY-REED 1922
Cuando los diseñadores de aviones intentaron que los aviones volaran a velocidades cada vez mayores en los años siguientes a la primera guerra mundial, exigieron palas más delgadas que cortaran el aire con mayor facilidad. Pero las palas finas de madera eran demasiado débiles para aguantar la tensión. En 1920, S. A. Reed fabricó unas sólidas hélices de aluminio forjado, que al cabo de los años desplazaron a las lices de madera laminada.

INTEGRALE 1919
La chapa de latón que recubre esta hélice de palas de madera fue diseñada para protegerla de un ataque enemigo. Antes de que se inventara el mecanismo interruptor (págs. 18-19), se recubrió de un pesado blindaje las hélices de algunos cazas franceses para que no fueran destruidas por sus propias ametralladoras, que disparaban hacia delante.

Pala giratoria para obtener el paso adecuado en el aterrizaje y a una elevada velocidad de crucero.

PROPFAN 1986
Para ahorrar combustible, los fabricantes de motores a reacción han vuelto a adoptar recientemente las hélices, que ahora se llaman «propfan» y giran en la parte posterior de dichos motores.

Grandes travesías

LOS AÑOS COMPRENDIDOS ENTRE LAS DOS GUERRAS MUNDIALES fueron la época heroica de la aviación, la época de la primera travesía sin escala del Atlántico, llevada a cabo por Alcock y Brown (pág. 42), la arriesgada travesía en solitario de Lindbergh (pág. 26) y el épico vuelo de Kingsford Smith sobre el Pacífico en 1928. Hazañas como éstas infundieron confianza en la aviación y por primera vez los aviones comenzaron a transportar pasajeros regularmente. En todo el mundo se crearon nuevas líneas aéreas y cada vez más gente experimentó la velocidad y la novedad de volar. En ninguna parte tuvieron los viajes por aire tanto auge como en los Estados Unidos, donde contratas de correos contribuyeron a financiar las nacientes compañías aéreas. Especialmente en ese país el diseño de los aviones de pasajeros hizo rápidos progresos y en 1933 la empresa Boeing lanzó el 247, el primer avión de línea moderno del mundo.

Viajar por aire fue una nueva y atractiva experiencia y muchos de los primeros pasajeros de la prestigiosa línea Londres-París eran estrellas de cine estadounidenses o celebridades del deporte.

Los primeros aeropuertos eran a menudo poco más que una pista de aterrizaje de hierba y unos barracones desperdigados. El primer aeropuerto moderno del mundo fue construido en Croydon, cerca de Londres, en 1928.

Cabina con piloto automático que reduce la tensión del piloto durante los largos vuelos, un gran avance de la década de 1930.

La superficie de metal del avión lo hacía suficientemente sólido («tenso») como para que resultaran innecesarios cables y riostras.

Cuando la empresa naviera Instone fundó en 1919 una línea aérea, sus pilotos llevaban el uniforme azul de un capitán de barco. Este es ahora el uniforme estándar de los pilotos de líneas aéreas.

EL BOEING 247D
El Boeing 247D fue uno de los aviones más avanzados de su tiempo. Tenía elegantes alas de monoplano, una línea aerodinámica, superficie enteramente de metal y tren de aterrizaje que se replegaba dentro del ala durante el vuelo. Todo esto ayudaba a reducir la resistencia al avance en tal grado que el 247D podía alcanzar velocidades de casi 300 km/h, mayores que las de los cazas más veloces. Los pasajeros eran trasladados de un extremo a otro de los Estados Unidos en menos de 20 horas.

Tubo indicador de la velocidad del aire por medio de la presión.

Vista de frente del Boeing 247D.

El Boeing 247D en vuelo con el tren de aterrizaje replegado.

De Havilland Dragon

Los primeros aviones de pasajeros eran muy pequeños en comparación con los de hoy. El De Havillland Dragon de 1933 (arriba y a la derecha) era uno de los menores, con capacidad para sólo ocho pasajeros. Pero hasta el gran Boeing 247D solamente tenía cabida para diez. Las hileras fijas de asientos se generalizaron en los años treinta: los primeros pasajeros se sentaban en butacas de mimbre sueltas. Incluso en esa década, un largo viaje en avión podía ser toda una prueba. Sin las cabinas presurizadas de hoy (págs. 34-35), los aviones de pasajeros solían volar a baja altura y las turbulencias sacudían a los viajeros en todas partes. Si el avión volaba a gran altura para evitar el mal tiempo, los pobres pasajeros se veían expuestos al frío y al mal de altura.

Cabina de pasajeros del De Havilland Dragon

Hélices de paso variable (pág. 31) que proporcionaban una gran velocidad de crucero y una gran potencia para el despegue.

Motor radial «Avispa» Pratt y Whitney de 550 cv, refrigerado por aire, de gran fiabilidad.

Estabilizador horizontal

Martinetes eléctricos que repliegan el tren de aterrizaje dentro del ala después del despegue.

Grandes hidroaviones permitían recorrer enormes distancias y llegar a lugares exóticos. Su capacidad de posarse en el agua era vital cuando había pocos aeropuertos y muy alejados unos de otros, las averías mecánicas eran una posibilidad real y los largos y lentos viajes tenían que ser interrumpidos con paradas durante la noche.

Alas en un mismo plano, de gran economía y velocidad

Alerón

Potentes luces eléctricas para aterrizajes nocturnos

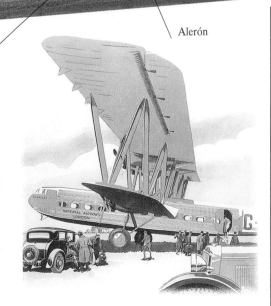

Los biplanos de la británica Handley Page, como este Heracles, eran los mayores y más lujosos aviones de pasajeros de los años treinta. Eran también muy seguros y volaron más de tres millones de kilómetros para las Imperial Airways sin tener un solo accidente. Pero eran lentos y anticuados en comparación con los transaéreos estadounidenses.

El reactor de línea aérea

EL AVIÓN A REACCIÓN ha transformado los viajes por aire desde la década de 1950. Hasta entonces sólo los ricos podían permitirse volar. Hoy millones de personas corrientes viajan en avión cada año. Los aviones a reacción son no sólo veloces y seguros comparados con anteriores aeroplanos, sino que además pueden volar a una altura superior a la de las malas condiciones atmosféricas, llevando cómodamente pasajeros en cabinas «presurizadas» para protegerles de la menor presion del aire a esa altura. En su línea exterior los reactores de hoy difieren poco de los de hace 30 años, pero debajo de su superficie hay una gran profusión de avanzada tecnología. Sofisticados sistemas electrónicos de control y navegación han hecho los vuelos mucho más seguros. Las estructuras se fabrican de materiales ligeros y fuertes, como fibra de carbono y otros compuestos. Las alas diseñadas por ordenador disminuyen el consumo de combustible. Y avanzados motores turbofan reducen el ruido al mínimo.

Los cómodos asientos, la suavidad de los motores, el escaso ruido en la cabina y el vuelo a gran altura hacen muy confortables los modernos reactores de pasajeros.

Los modernos reactores de pasajeros se fabrican por secciones y se montan y unen con fuertes empalmes, remaches y sustancias adhesivas. Para disminuir las junturas, se procura que las secciones sean las menos posibles.

Soporte para la base de las alas, que contiene el depósito central de combustible.

FUSELAJE EN SECCIONES

El tubo del fuselaje tiene el mismo diámetro en la mayor parte de su longitud. Esto facilita y abarata su construcción, ya que todas las piezas de su estructura tienen el mismo tamaño y la misma forma. Si el fabricante desea alargar o acortar el avión, lo único que tiene que hacer es añadir o quitar una sección del fuselaje.

Sección central de fuselaje del BAe 146 en construcción

Superficie del ala, hecha de una sola pieza de metal que le da una extraordinaria solidez.

Gato colocado en la cavidad del tren de aterrizaje para sostener el fuselaje durante su construcción.

Tratamiento anticorrosivo con pintura verde cromada antes de pintar el exterior.

Cavidad para el depósito de combustible

Al mejorar el diseño de las alas, las de los reactores se han vuelto más delgadas en comparación con las de aviones más antiguos (págs. 32-33), reduciéndose al mínimo la resistencia al avance. Debido a las altas velocidades de crucero, las alas deben llevar un complicado equipo de aletas y alerones para mayor sustentación y control a baja velocidad en el despegue y aterrizaje, y spoilers (aerofrenos) para detener rápidamente el avión después del aterrizaje.

Bancada para el montaje del motor

Encastre de los spoilers que suben para reducir la velocidad del avión en vuelo y después del aterrizaje.

Tubo hidráulico para el control de los flaps

DE HAVILLAND COMET

El Comet, el primer reactor de pasajeros del mundo, entró en servicio en 1952 e inmediatamente redujo a la mitad la duración de los vuelos internacionales. Pero los primeros Comets sufrieron algunos trágicos accidentes y la era de los viajes en reactor comenzó realmente con el Boeing 707 de 1958 y el Douglas DC-8.

EL REACTOR JUMBO

Cuando el enorme Boeing 747, el primer «reactor de fuselaje ancho», entró en servicio en 1970, muchos expertos de líneas aéreas se preguntaron si habría suficientes pasajeros para llenarlo. De hecho, el «reactor jumbo» contribuyó a hacer asequibles los viajes en avión por primera vez a millones de personas.

La estructura de un reactor de pasajeros necesita ser extraordinariamente sólida para resistir las presiones del vuelo a alta velocidad y el constante cambio de presurización y despresurización. Cualquier debilidad podría ser desastrosa. Así, se prueba cuidadosamente la resistencia y durabilidad de la más pequeña sección, una enorme tarea que antes exigía un gran número de técnicos y que ahora facilitan los ordenadores. Sin embargo, no basta la solidez. La estructura debe ser también ligera, por lo que se usan en abundancia aleaciones de aluminio. En la parte inferior del interior del fuselaje hay numerosos aros y tirantes, pero éstos son pequeños y gran parte de la solidez del fuselaje se debe a la superficie exterior del tubo de metal. Esto hace que la estructura sea a la vez ligera y sólida.

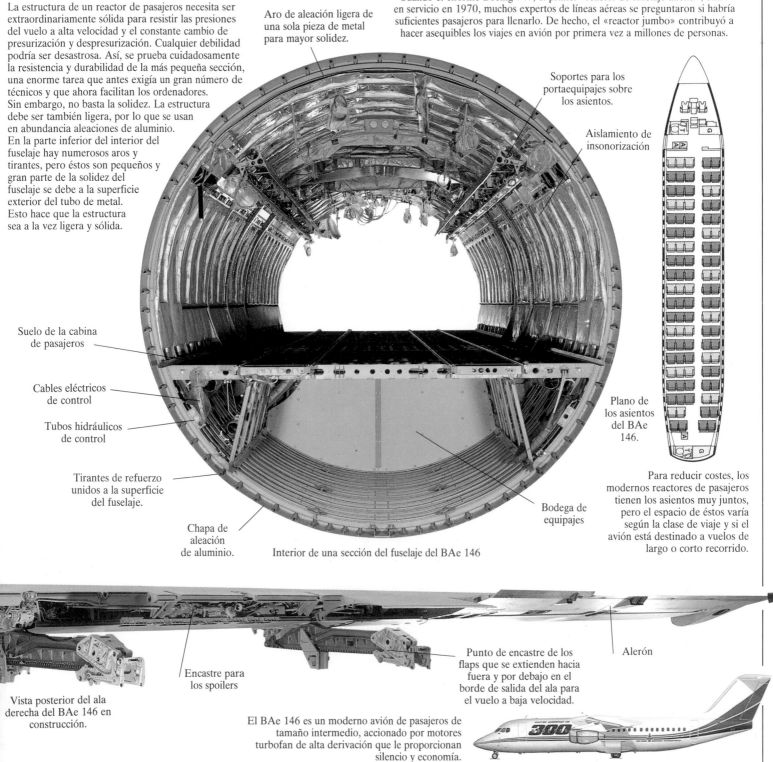

Aro de aleación ligera de una sola pieza de metal para mayor solidez.

Soportes para los portaequipajes sobre los asientos.

Aislamiento de insonorización

Suelo de la cabina de pasajeros

Cables eléctricos de control

Tubos hidráulicos de control

Tirantes de refuerzo unidos a la superficie del fuselaje.

Chapa de aleación de aluminio.

Bodega de equipajes

Interior de una sección del fuselaje del BAe 146

Plano de los asientos del BAe 146.

Para reducir costes, los modernos reactores de pasajeros tienen los asientos muy juntos, pero el espacio de éstos varía según la clase de viaje y si el avión está destinado a vuelos de largo o corto recorrido.

Encastre para los spoilers

Punto de encastre de los flaps que se extienden hacia fuera y por debajo en el borde de salida del ala para el vuelo a baja velocidad.

Alerón

Vista posterior del ala derecha del BAe 146 en construcción.

El BAe 146 es un moderno avión de pasajeros de tamaño intermedio, accionado por motores turbofan de alta derivación que le proporcionan silencio y economía.

La propulsión a reacción

EL NACIMIENTO DEL MOTOR A REACCIÓN a finales de la década de 1930 significó una revolución en la aviación. Por entonces, algunos aviones dotados con motores de pistón de elevada potencia volaban a velocidades que superaban los 700 km/h, pero a costa de quemar gran cantidad de combustible. Los motores a reacción alcanzaban estas velocidades con tanta facilidad que, a comienzos de los años sesenta, hasta los enormes aviones de pasajeros de las líneas regulares conseguían mayores velocidades y algunos reactores militares volaban a 2.500 km/h, más del doble de la velocidad del sonido. Hoy casi todos los aviones de pasajeros, la mayor parte de los aviones militares y muchas avionetas de ejecutivos funcionan con alguno de los diferentes modelos de motores a reacción. Con la excepción del Concorde, el vuelo supersónico ha demostrado ser demasiado ruidoso y caro para aviones de línea, pero la tecnología del motor a reacción progresa continuamente.

En 1947, con el avión cohete Bell X-1 especialmente construido, el piloto de pruebas Chuck Yeager logró volar a mayor velocidad que la del sonido, a unos 1.100 km/h.

La potencia de la turbina

Los motores a reacción deberían llamarse en realidad «turbinas de gas». Como los motores de pistón, su potencia proviene de quemar combustible. La diferencia estriba en que los motores a reacción queman combustible continuamente para hacer girar las palas de una turbina, mientras que el motor de pistón lo hace alternativamente para empujar el émbolo. En un turborreactor, la turbina hace girar simplemente el compresor. En un turbofan, también acciona el gran ventilador de la parte delantera.

Los primeros prototipos de motor a reacción fueron construidos al mismo tiempo por Pabst von Ohain en Alemania y Frank Whittle en Gran Bretaña, aunque ninguno conocía el trabajo del otro. El motor de Whittle fue usado por primera vez en el Gloster E28/39 de 1941 (arriba).

Las palas giratorias del compresor aspiran aire y lo comprimen.

El combustible, pulverizado en aire comprimido, se quema continuamente.

Turbina accionada por gases a elevadas temperaturas.

Una corriente de gases calientes de escape a alta velocidad impele al avión hacia delante.

Entrada al núcleo del motor

Los reactores más sencillos —«turborreactores»— funcionan expulsando por la parte de atrás una corriente de aire caliente. Esta choca con el aire tan rápidamente que la reacción impulsa al avión hacia delante, como un globo al deshincharse. En los «turbofans», la corriente de aire caliente se combina con la corriente hacia atrás de un ventilador de muchas palas, mientras que en los «turboprops» el avión sólo es propulsado por una hélice.

Corriente fría

Un ventilador gigante introduce aire en el núcleo del motor y desvía parte a su alrededor.

El aire introducido en el núcleo del motor acciona la turbina y suministra un pequeño empuje adicional.

Corriente caliente

La corriente de gases de escape a alta velocidad de un turborreactor es adecuada para el Concorde y los aviones militares ultrarrápidos. Pero la mayor parte de los aviones de pasajeros utilizan los turbofans, más silenciosos y de alimentación menos costosa. En los turbofans, el aire impulsado por un enorme ventilador se deriva por los lados del núcleo del motor suministrando un enorme refuerzo a la propulsión a baja velocidad.

La corriente de aire derivada por los lados del núcleo del motor proporciona la mayor parte de la propulsión a baja velocidad.

Caja externa de engranajes para accionar la bomba hidráulica y el generador.

Motor turbofan Rolls-Royce Tay, sin el carenado para hacer su interior.

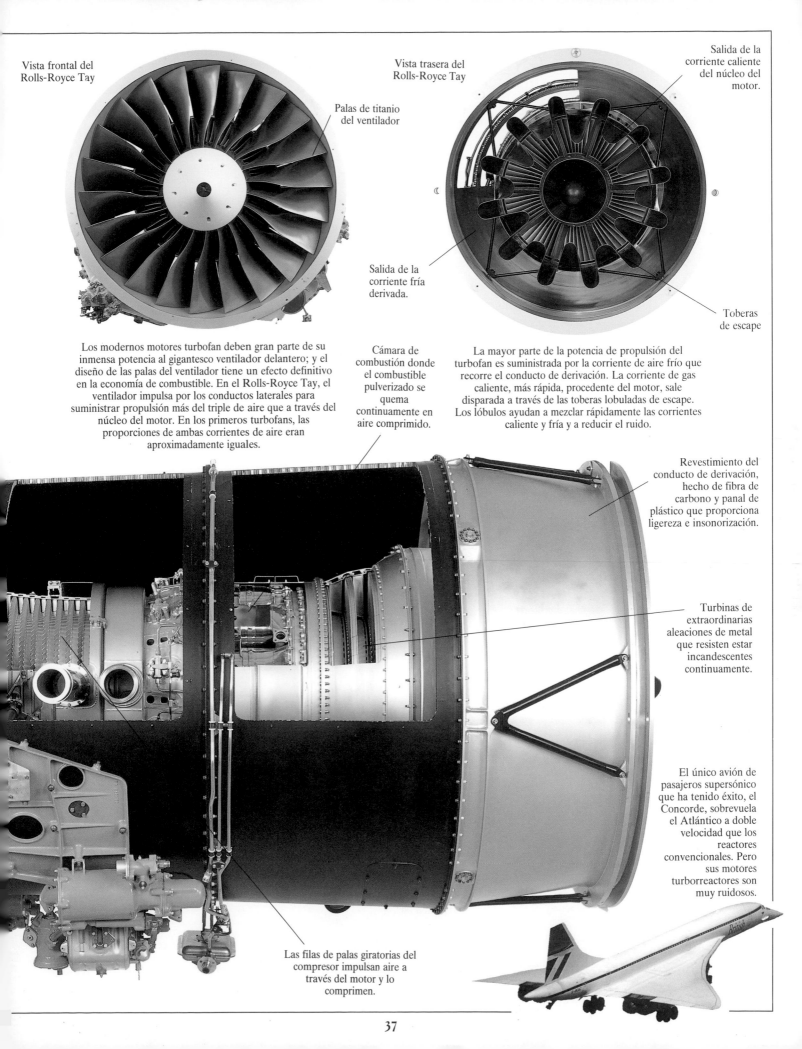

Vista frontal del
Rolls-Royce Tay

Palas de titanio
del ventilador

Salida de la
corriente fría
derivada.

Vista trasera del
Rolls-Royce Tay

Salida de la
corriente caliente
del núcleo del
motor.

Toberas
de escape

Los modernos motores turbofan deben gran parte de su inmensa potencia al gigantesco ventilador delantero; y el diseño de las palas del ventilador tiene un efecto definitivo en la economía de combustible. En el Rolls-Royce Tay, el ventilador impulsa por los conductos laterales para suministrar propulsión más del triple de aire que a través del núcleo del motor. En los primeros turbofans, las proporciones de ambas corrientes de aire eran aproximadamente iguales.

Cámara de
combustión donde
el combustible
pulverizado se
quema
continuamente en
aire comprimido.

La mayor parte de la potencia de propulsión del turbofan es suministrada por la corriente de aire frío que recorre el conducto de derivación. La corriente de gas caliente, más rápida, procedente del motor, sale disparada a través de las toberas lobuladas de escape. Los lóbulos ayudan a mezclar rápidamente las corrientes caliente y fría y a reducir el ruido.

Revestimiento del
conducto de derivación,
hecho de fibra de
carbono y panal de
plástico que proporciona
ligereza e insonorización.

Turbinas de
extraordinarias
aleaciones de metal
que resisten estar
incandescentes
continuamente.

El único avión de
pasajeros supersónico
que ha tenido éxito, el
Concorde, sobrevuela
el Atlántico a doble
velocidad que los
reactores
convencionales. Pero
sus motores
turborreactores son
muy ruidosos.

Las filas de palas giratorias del
compresor impulsan aire a
través del motor y lo
comprimen.

Dispositivos de aterrizaje

LOS PRIMEROS AEROPLANOS aterrizaban sobre ruedas como las de motocicletas y automóviles, montadas sobre riostras de madera o metal. Las ruedas cumplían su misión, pero el choque del brusco aterrizaje era a menudo suficiente para romper las riostras. Pronto se añadió al «tren de aterrizaje» unos muelles elementales para amortiguar el golpe y se diseñaron ruedas especiales de avión. Pero a medida que fueron aumentando el peso de los aviones y las velocidades de aterrizaje y despegue, las riostras de madera y las ruedas con radios de alambre fueron sustituidas por ruedas de acero prensado y el tren de aterrizaje amortiguado hidráulicamente. Además, las ruedas se montaban aparte, en las alas, para mayor estabilidad. Desde los años cuarenta, en todos los aviones, menos en los más pequeños y de menor velocidad, las ruedas se repliegan dentro de las alas durante el vuelo para disminuir la resistencia del aire. Con la llegada de la era del reactor después de la segunda guerra mundial, las exigencias del tren de aterrizaje se incrementaron aún más. Así, fue en los reactores de pasajeros donde se probaron por primera vez innovaciones como los frenos de disco y antideslizantes que después fueron adoptadas por los coches. El tren de aterrizaje de los modernos reactores de pasajeros son maquinarias de gran complejidad con refinada suspensión y sistemas de frenado diseñados para soportar la fuerza de un avión de 150 toneladas que aterriza a 200 km/h o más y detenerlo de una manera rápida y segura.

Cuando las buenas pistas de aterrizaje eran aún escasas y estaban situadas a mucha distancia unas de otras, resultaba muy útil poder aterrizar sobre el agua. En los hidroaviones, un desnivel situado en la parte inferior del flotador a unos dos tercios del comienzo de éste ayuda al hidro a «planear» como una lancha rápida y a vencer la resistencia del agua lo suficiente como para alcanzar la velocidad de despegue.

Esta rueda de un aeroplano de antes de la primera guerra mundial no tenía frenos. Por ello no necesitaba complicados radios entrecruzados que resistieran las fuerzas de frenado.

Riostra de
madera

Patines que impiden que el aeroplano capote al aterrizar en suelo blando.

Amortiguadores de goma elástica.

La cola de los primeros aeroplanos era tan ligera que no necesitaba ruedas: bastaba un simple patín.

El Deperdussin de 1909 aterrizaba con tanta ligereza y suavidad que unas cintas de goma elástica bastaban para amortiguar el choque del aterrizaje. Unos patines curvados situados delante de las ruedas impedían que el avión capotara al aterrizar en suelo blando, un riesgo común en los primeros tiempos.

Con la llegada de los reactores en los años cincuenta, la velocidad de aterrizaje aumentó considerablemente, y hubo que construir pistas pavimentadas cada vez más largas para que los reactores de pasajeros aterrizaran con seguridad. En los aviones más grandes, el tren de aterrizaje pasó a tener más de una rueda. Las ruedas eran más pequeñas y más ligeras y extendían la presión del aterrizaje sobre un área mayor, reduciendo el peligro de que reventaran los neumáticos. Al mismo tiempo, en la mayor parte de los aviones se instalaron ruedas debajo del morro, con lo que podían aterrizar horizontalmente y circular por la pista como un coche. Antes, sin esas ruedas, los pilotos tenían que «dejar caer» (págs. 40-41) hábilmente el avión justo sobre el suelo para que las ruedas principales y traseras se posaran al mismo tiempo en la pista.

Con el fin de conseguir una mayor velocidad, en los cazas de la segunda guerra mundial, como el Spitfire (arriba), se introdujeron sencillos mecanismos para replegar las ruedas dentro de las alas durante el vuelo.

Tubos hidráulicos de los frenos de disco

Ruedas de aleación ligeras y robustas, hoy corrientes en los automóviles, fueron utilizadas en aviones como el Spitfire muchos años antes que en los coches.

Amortiguador hidráulico que absorbe el choque principal del aterrizaje.

Martinete deslizante en el interior del amortiguador principal para absorber los choques del aterrizaje.

Empalme articulado que permite la compresión del muelle.

Amortiguador auxiliar

Las ruedas de acero prensado proporcionaron la resistencia necesaria para los aviones más rápidos y más pesados de la década de 1920. Esta rueda pertenece a un Hawker Hart semejante al de la página 24.

Bogie con cuatro ruedas unidas, de dos en dos.

Neumáticos fabricados para resistir la enorme presión y el tremendo calor del aterrizaje.

Los grandes monoplanos de pasajeros y bombarderos de los años treinta y cuarenta tenían una enorme rueda retráctil en cada ala. En este avión de pasajeros Armstrong-Whitworth de la década de 1930, el montante del tren de aterrizaje posterior tenía un codo en medio, de manera que un gato hidráulico podía elevar la rueda dentro del alojamiento del motor durante el vuelo.

«Pata» del tren de aterrizaje del bombardero Avro Vulcan de los años 1950.

El control del aeroplano

U N COCHE O UN BARCO sólo pueden conducirse a la derecha o a la izquierda, pero un aeroplano puede ser dirigido en las tres direcciones. Puede «cabecear» subiendo o bajando el morro para ascender o picar. Puede «alabearse» a un lado o a otro, inclinando un ala u otra. Y puede «guiñar» a la derecha o a la izquierda, como gira un coche. Para muchas maniobras durante el vuelo el piloto tiene que usar no sólo un mando, sino tres simultáneamente; por ello el pilotar un avión exige una buena coordinación. Todo el tiempo que el aeroplano está en el aire, el piloto debe ajustar constantemente los mandos, simplemente para mantener el aparato en vuelo recto y nivelado, pues incluso los días más tranquilos hay turbulencias en el aire que desequilibran el avión. Los «pilotos automáticos» compensan tales perturbaciones y facilitan la tarea del piloto.

En la temprana fecha de 1909, Blériot y otros pioneros franceses de la aviación idearon una sencilla palanca, o palanca y volante, para controlar el cabeceo y el alabeo. La palanca movía por medio de cables los alerones de las alas y los timones de profundidad.

Si un avión vuela demasiado despacio, el flujo de aire sobre las alas puede no porporcionarles la suficiente sustentación. Entonces el avión «entra en pérdida» y puede entrar en barrena. Si dispone de bastante altura, un piloto hábil es capaz de recuperar el control del avión.

El giro o «guiñada» del avión se controla pisando la barra del timón en dirección con el pie izquierdo o el derecho para torcer el timón a la izquierda o a la derecha.

El morro cabecea hacia arriba

El ala tiene un mayor ángulo de ataque, aumentando la sustentación.

Los timones de profundidad alzados hacen bajar la cola

Tirando de la columna de control hacia atrás se alzan los timones de altura. Si el avión está volando horizontal, el morro se levanta y el avión cabecea hacia arriba. Como así el ala tiene un mayor ángulo de ataque, recibe una mayor sustentación y el avión comienza a ascender si se aumenta la potencia del motor.

El timón de profundidad alineado mantiene al avión nivelado.

En vuelo horizontal, la cola ayuda a mantener el avión estable, como un dardo lanzado. Si el avión cabecea hacia arriba o hacia abajo a causa de la turbulencia, el timón de profundidad ayuda a enderezarlo.

Los timones de profundidad bajados aumentan la sustentación sobre la cola.

El morro baja

El ala tiene un menor ángulo de ataque, disminuyendo la sustentación y la resistencia al avance.

Empujando la columna de control hacia adelante, se bajan los timones de profundidad y la cola se eleva. Esto hace bajar el morro y el avión aumenta su velocidad mientras desciende. Para disminuir la velocidad hasta la requerida en el aterrizaje normal, el piloto reduce gases desacelerando con ello el avión.

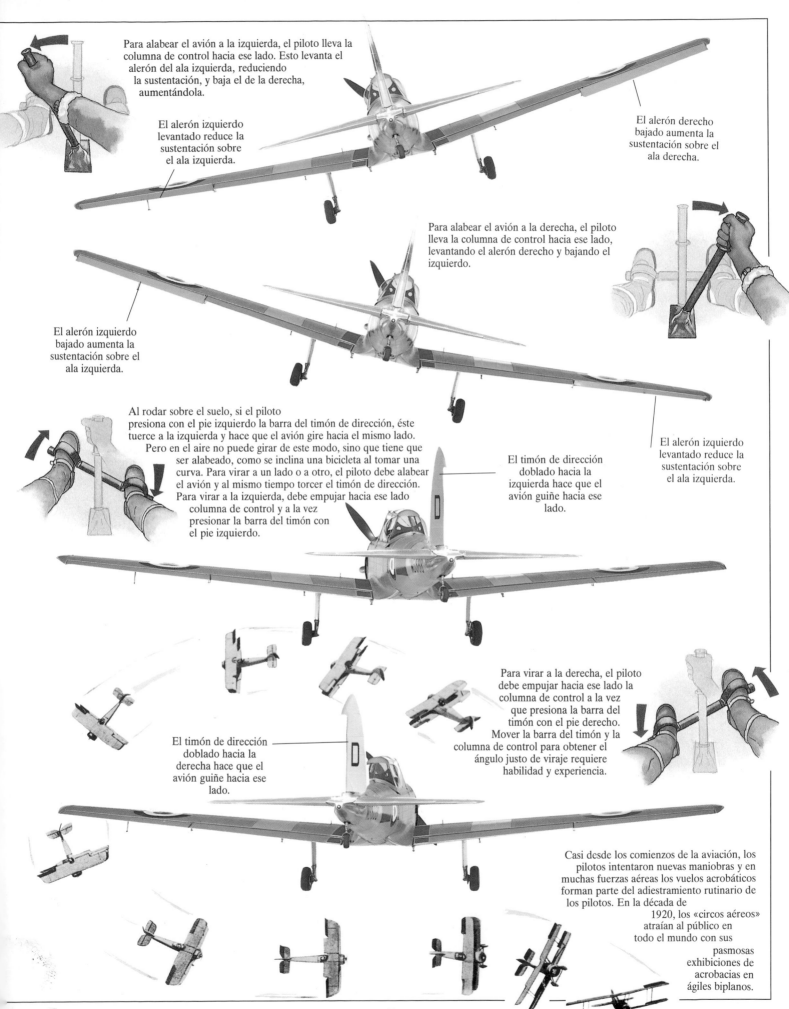

Para alabear el avión a la izquierda, el piloto lleva la columna de control hacia ese lado. Esto levanta el alerón del ala izquierda, reduciendo la sustentación, y baja el de la derecha, aumentándola.

El alerón izquierdo levantado reduce la sustentación sobre el ala izquierda.

El alerón derecho bajado aumenta la sustentación sobre el ala derecha.

Para alabear el avión a la derecha, el piloto lleva la columna de control hacia ese lado, levantando el alerón derecho y bajando el izquierdo.

El alerón izquierdo bajado aumenta la sustentación sobre el ala izquierda.

El alerón izquierdo levantado reduce la sustentación sobre el ala izquierda.

Al rodar sobre el suelo, si el piloto presiona con el pie izquierdo la barra del timón de dirección, éste tuerce a la izquierda y hace que el avión gire hacia el mismo lado. Pero en el aire no puede girar de este modo, sino que tiene que ser alabeado, como se inclina una bicicleta al tomar una curva. Para virar a un lado o a otro, el piloto debe alabear el avión y al mismo tiempo torcer el timón de dirección. Para virar a la izquierda, debe empujar hacia ese lado columna de control y a la vez presionar la barra del timón con el pie izquierdo.

El timón de dirección doblado hacia la izquierda hace que el avión guiñe hacia ese lado.

Para virar a la derecha, el piloto debe empujar hacia ese lado la columna de control a la vez que presiona la barra del timón con el pie derecho. Mover la barra del timón y la columna de control para obtener el ángulo justo de viraje requiere habilidad y experiencia.

El timón de dirección doblado hacia la derecha hace que el avión guiñe hacia ese lado.

Casi desde los comienzos de la aviación, los pilotos intentaron nuevas maniobras y en muchas fuerzas aéreas los vuelos acrobáticos forman parte del adiestramiento rutinario de los pilotos. En la década de 1920, los «circos aéreos» atraían al público en todo el mundo con sus pasmosas exhibiciones de acrobacias en ágiles biplanos.

La cabina del piloto

LAS CABINAS DE LOS PILOTOS no se cerraron hasta que a finales de la década de 1920 aparecieron los cristales de seguridad. Hasta entonces los pilotos se sentaban al aire, expuestos a los tremendos vientos, sin más protección que un diminuto parabrisas y ropa de abrigo. Por supuesto, la comodidad era una prioridad menor en estas cabinas abiertas, elementales y aparentemente funcionales. Tenían pocos instrumentos: los indicadores del motor estaban con tanta frecuencia en el mismo motor como en la cabina. El equipo de los principales mandos de vuelo quedó establecido muy pronto y constaba de la barra del timón a los pies del piloto para los guiños y una columna de control o palanca de mando entre las rodillas para los picados, ascensos (encabritados) y virajes. Algunos aeroplanos primitivos tenían un volante en vez de palanca, pero servía para el mismo fin. Este equipo básico perdura hoy en las avionetas.

Volante de control que pivota hacia atrás y hacia delante para el picado y ascenso (encabritado), como la palanca de mando.

DEPERDUSSIN 1909
La cabina del piloto de los primeros aeroplanos era muy sencilla, pues no tenía instrumentos. Un gran depósito de combustible estorbaba la visión de delante y el piloto tenía constantemente que asomarse por un lado para comprobar la altura y la posición.

VICKERS VIMY 1919
El Vimy fue diseñado hacia el final de la primera guerra mundial por los británicos para bombardeos de largo alcance sobre objetivos industriales en Alemania. La cabina estaba provista de dos asientos, uno para el piloto y otro para el observador. El piloto tenía que leer las revoluciones del motor y la presión del aceite en indicadores montados sobre el mismo motor.

Magneto manual que suministraba corriente para el arranque.

Interruptores de luces para los instrumentos.

Reloj

Altímetro (indicador de altura).

El Vimy fue el aeroplano en el que John Alcock y Arthur Brown realizaron el primer vuelo sobre el Atlántico sin paradas los días 14 y 15 de junio de 1919, soportando durante 16 horas una niebla y una llovizna heladoras en una cabina abierta (arriba).

Inclinómetros (indicadores de virajes)

Brújula

Cierre del radiador del motor

Barra del timón de dirección

Volante de control que gira para virar a derecha o izquierda.

Mando de gases y control de mezcla del combustible.

En los años treinta, la palanca de mando era ya la forma estándar de control y hasta los aeroplanos más sencillos, como éste De Havilland Tiger Moth, tenían una serie de instrumentos básicos: anemómetro (indicador de velocidad del aire), altímetros, indicador de virajes, brújula, cuentarrevoluciones e indicador de la presión del aceite. Pero aún no existía el horizonte artificial que ayuda al piloto a mantener el nivelado del avión, de manera que sólo se podía volar con tiempo claro cuando el horizonte era visible. Toda la cabina era funcional y elemental, sin las comodidades que hoy suelen tener hasta las avionetas, como alfombras, asientos anatómicos y calefacción.

Indicador de virajes

Parabrisas

Aviso en que se notificaba: «Pueden realizarse maniobras acrobáticas».

Cuentarrevoluciones

Brújula

Anemómetro

Altímetro

Palanca de mando

Palanca para cerrar las aletas de despegue y aterrizaje del borde de ataque del ala, llamadas slats.

El biplano DH Tiger Moth fue una de las avionetas más populares de los años treinta. Sencillo y fiable, fue utilizado para todo, desde adiestramiento de pilotos y fumigación hasta arriesgadas exhibiciones de acrobacias aéreas.

Aviso recordando al piloto que el aeroplano alcanza una velocidad de crucero de 150 km/h, pero que a menos de 72 km/h entrará en pérdida.

Indicador de la presión del aceite del motor.

Barra del timón de dirección.

Mando de gases

El panel de mandos

El PANEL DE MANDOS de un moderno avión de pasajeros presenta un aspecto asombrosamente complicado, con todo un despliegue de interruptores, esferas e indicadores de datos tales como estado del motor, sistemas hidráulicos, ayuda de navegación, etc., por no mencionar los controles básicos de vuelo. Los ordenadores han ido asumiendo cada vez más funciones y muchas esferas están siendo sustituidas por nítidas pantallas llamadas TRC («tubo de rayos catódicos») en las que el piloto puede cambiar la información presentada tocando un botón.

Indicadores de los frenos y sistemas hidráulicos

Principales instrumentos de vuelo que pueden ser accionados por batería y permiten al piloto aterrizar sin peligro en caso de fallo del sistema eléctrico.

Interruptores de las luces de aterrizaje y de rodaje.

Controles de arranque del motor

Control de la velocidad del motor (mando de gases).

Ordenador de navegación

Información sobre el motor, como flujo de combustible, temperatura de la turbina y par motor, o par de torsión.

Luces del panel de mandos

Esta cabina de piloto de un avión de pasajeros de los años ochenta tiene pantallas TRC de «segunda generación». Esto significa que utiliza pantallas TRC e instrumentos convencionales. Algunos grandes y modernos aviones de pasajeros, como el Boeing 747-400, tienen «cabinas todo cristal», lo que quiere decir que casi toda la información es suministrada por unas pocas pantallas TRC.

Radar independiente para la meteorología.

Control de los flaps de las alas.

Luces de alarma, suplementarias de las pantallas TRC.

Pantalla secundaria TRC, que presenta toda la información sobre la navegación. Puede funcionar como una simple brújula, como una pantalla de radar o como un mapa.

Pantalla primaria TRC, que combina todas las funciones de los principales instrumentos de vuelo de los anteriores aviones: horizonte artificial, altímetro, anemómetro, indicador de ruta e indicador de la senda de planeo para la aproximación al aterrizaje (págs. 46-47).

Horquilla de mando («cuernos»).

Indicadores de presión en cabina.

LIFE JACKET

Instrumentos de vuelo

Placa de presión

LOS HERMANOS WRIGHT (pág. 14) volaron llevando sólo como instrumentos un cuentarrevoluciones del motor, un cronómetro y un medidor del viento que les indicaban aproximadamente a qué velocidad iba el aeroplano. Pero el peligro de perder sustentación (págs. 40-41) volando demasiado lentamente puso pronto de manifiesto que todo aeroplano necesitaba un indicador preciso de la velocidad del aire. A medida que los aviones comenzaron a volar a mayor altura y mayores distancias se añadieron un altímetro, para indicar la altitud, y una brújula magnética, para ayudar a mantener una ruta recta. Sin embargo, durante mucho tiempo, los pilotos volaron «a tientas», juzgando la posición del aeroplano sólo mediante su instinto cuando no tenían visibilidad. En 1929, Elmer Sperry utilizó instrumentos estabilizados por el giroscopio y los pilotos dispusieron de un indicador de virajes (bastón y bola) y de un horizonte artificial. Los giroscopios, una especie de peonza que mantiene la estabilidad independientemente del ángulo de inclinación del avión, permitió volar con la ayuda de instrumentos cuando había poca visibilidad.

Muelle

Este es uno de los primeros instrumentos que proporcionaron una indicación fiable y continua de la velocidad del aire. Funciona comparando la presión «estática» (la presión normal del aire) con la presión «dinámica» (la que impacta en el avión por la velocidad que mantiene). Sus dos tubos apuntan a la corriente de aire, uno todo derecho y el otro terminado en un cilindro perforado. La diferencia de presión entre los dos, medida por un diafragma flexible, indica la velocidad del aire.

Entre los primeros indicadores de velocidad figuran los «anemómetros» (medidores del viento), adaptados de los equipos de predicción meteorológica. El piloto se hacía una idea aproximada de la velocidad del aeroplano midiendo con un cronómetro los segundos a la vez que observaba en las esferas de metros cuántas veces la corriente de aire hacía girar las aspas delanteras.

Anemómetro de Farnborough, de hacia 1909

Diafragma

Tubo estático

Tubo dinámico

Tubo estático

Tubo de Pitot

Cuando los aviones a reacción se aproximaron a la velocidad del sonido e incluso la superaron en la década de 1950, se les proveyó de «medidores de Mach», que indican la velocidad del avión en relación con la del sonido.

Tubo dinámico

Tubo de conexión

Esfera

TUBO DE PITOT
El método de la presión de un doble tubo que había ideado Farnborough fue la base de los anemómetros en todos los aviones. El doble tubo fue perfeccionado con el tubo de Pitot que, montado en la estructura del avión, registraba la presión. Unos tubos de goma conectaban el Pitot con el anemómetro en la cabina del piloto.

Anemómetro de Ogilvie, de hacia 1918.

En los años que siguieron a la segunda guerra mundial, los anemómetros tenían a menudo una flecha que señalaba la velocidad máxima que el avión podía alcanzar sin peligro.

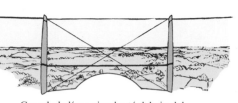

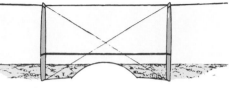

Este sencillo instrumento data de 1910, pero hasta en la década de 1930 aún lo utilizaban algunos aviones. Indicaba la velocidad del aire basándose en la distancia que retrocedía una placa conectada con un muelle al ser presionada por la corriente de aire.

En este indicador de virajes, un sencillo nivel de burbuja señala si el avión derrapa o resbala, indicando la calidad del viraje. Los cambios de dirección y de régimen de viraje los indica la aguja superior, conectada con un giroscopio eléctrico.

Este instrumento permitió aterrizar con mayor seguridad en condiciones de mal tiempo. Ayudaba al piloto a mantener el curso y la senda de planeo mediante un rayo de radio alineado con la pista de aterrizaje.

Cuando la línea visual está debajo del horizonte, el avión desciende en picado

Cuando la línea visual está encima del horizonte, el avión asciende

Para saber a qué altura volaban, los primeros aviadores utilizaban pequeños altímetros de bolsillo como el de Elliott (abajo), semejantes a los usados por los montañeros desde años antes. Pero las «travesuras» aéreas de los cazas de la primera guerra mundial mostraron la necesidad de una gran esfera fija en el panel de instrumentos (izquierda).

Cuando la línea visual se inclina hacia la izquierda por debajo del horizonte, el avión vira hacia ese lado.

En los primeros tiempos de la aviación, para saber si el aeroplano cabeceaba o se alabeaba, lo único que podían hacer los pilotos era mirar al horizonte, quizá con la ayuda de una «línea visual» (arriba a la derecha). De noche o entre densas nubes, el piloto podía perder por completo la orientación. Ni siquiera los pilotos más experimentados podían volar «a ciegas» durante más de ocho minutos sin entrar en barrena. La solución fue el horizonte artificial giroscópico.

Todos los modernos aviones tanto de pasajeros como militares llevan hoy una «caja negra» o «grabadora de los datos de vuelo» para tener la historia completa del vuelo en caso de accidente. La caja está conectada a los principales sistemas del avión y registra todo lo que sucede durante el vuelo, los datos de los instrumentos de la cabina, el estado del motor e incluso lo que dice la tripulación.

Revestimiento de Kevlar para aislar la grabadora del calor producido por el posible fuego.

Motor de la grabadora.

Conexiones a los sistemas del avión

Todos los datos son grabados en las ocho pistas de una cinta magnética. Una chapa de aleación de titanio muy resistente y bien aislada protege la cinta de los golpes y del fuego.

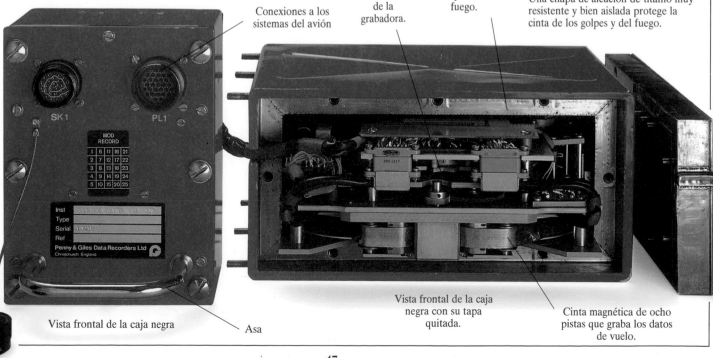

Vista frontal de la caja negra

Asa

Vista frontal de la caja negra con su tapa quitada.

Cinta magnética de ocho pistas que graba los datos de vuelo.

Alas rotatorias

LA IDEA DE VOLAR con alas giratorias es muy antigua. Ya en 1400 los niños europeos se entretenían con juguetes que volaban gracias a aspas que daban vueltas. En realidad, hasta que los hermanos Wright construyeron el *Flyer*, muchos creyeron que el futuro del vuelo residía en las alas rotatorias antes que en las alas fijadas. Se sabía que las alas giratorias cortan el aire proporcionando sustentación como las alas fijas (pág. 11). Pero mientras que un aeroplano de alas fijas debe mantenerse en movimiento, un aparato con alas rotatorias puede estar suspendido sin desplazarse en el aire. A principios de la década de 1900, muchos artificios de alas giratorias lograron de un modo o de otro despegar del suelo.. Pero la posibilidad de un vuelo controlado parecía remota hasta que Juan de la Cierva creó el autogiro.

A Juan de la Cierva desde muy joven le obsesionó la idea de construir un aeroplano con alas rotatorias que él esperaba que hiciese el vuelo más seguro.

El autogiro

En los primeros experimentos con helicópteros, los inventores habían utilizado motores cada vez más potentes para conseguir que sus máquinas se elevasen en el aire. La genialidad de Juan de la Cierva fue descubrir que las alas rotatorias pueden suministrar fuerza de sustentación sin necesidad de un motor. Del mismo modo que la vaina de un sicomoro cae dando vueltas suavemente al suelo, un ala que gira libremente continúa rotando por sí misma al atravesar el aire, impulsada por la presión del aire en la parte inferior del ala. De la Cierva llamó a este vehículo autogiro.

El autogiro nunca fue concebido como un helicóptero, sino como un aeroplano sin alas, mucho más seguro que los aeroplanos de alas fijas porque nunca perdería sustentación simplemente por volar demasiado despacio. Los primeros autogiros construidos por Juan de la Cierva tenían unas pequeñas alas para ayudar al despegue (a la derecha). La publicidad del autogiro siempre insistía en que podía posarse en el suelo sin ningún peligro «más lentamente que un paracaídas» en caso de fallo del motor.

Aspa de rotor

EL C-30 DE DE LA CIERVA
El C-30 fue el autogiro que tuvo más éxito entre los fabricados en los años treinta. Este modelo fue uno de los muchos vendidos a los militares para reconocimiento y para la instalación de radares en la segunda guerra mundial.

Rueda de cola que el piloto podía dirigir

Estabilizador horizontal, único y levantado, con combadura normal sólo en estes lado para contrarrestar la rotación de las aspas.

Fuselaje de tubos de acero, rcubierto de tela y similar al de un biplano.

K4232

Durante algún tiempo se creyó en la década de 1930 que el autogiro sería el equivalente en el aire del modelo T de la casa Ford: un avión al alcance de cualquiera que resolvería de una vez para siempre las aglomeraciones del tráfico. Los anuncios de la compañía Pitcairn, que fabricaba autogiros en los Estados Unidos, apuntaban claramente a poner de moda este vehículo. ¿Qué cosa más sencilla, proponían, que montar en el autogiro aparcado en el jardín delante de la casa y trasladarse al club para jugar un partido de golf?

Las primitivas aeronaves con rotor propendían a volcar debido a que el aspa que avanzaba cortaba el aire a mayor velocidad que la que retrocedía y por tanto tenía mayor sustentación. Juan de la Cierva resolvió este problema con bisagras que permitían al ala de ataque elevarse sin afectar al autogiro.

Para desmontar su seguridad potencial, el C-30 solía volar tan lentamente que un corredor podía seguirlo.

Bisagras de sustentación de las aspas.

Bisagras de arrastre lateral y amortiguadores que permiten a las aspas avanzar o retroceder ligeramente al rotar para reducir la tensión sobre la base de las mismas.

Columna de control colgante que permite al piloto inclinar las aspas en cualquier dirección.

Transmisión desde el motor que inicia el giro del rotor para el despegue.

Estructura de un aspa del rotor que muestra su semejanza con el perfil de un ala convencional.

Motor radial Armstrong Siddeley de 150 cv y siete cilindros.

Hélice convencional que impulsa al autogiro hacia delante en el despegue y en vuelo normal.

Amortiguadores de aceite que absorben el choque del aterrizaje.

49

El helicóptero

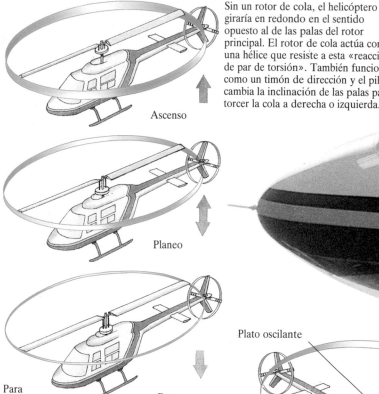

De TODAS LAS MÁQUINAS VOLADORAS ninguna es tan versátil como el helicóptero. Las palas giratorias de su rotor le permiten elevarse en línea recta por el aire, estar suspendido varios minutos sobre el mismo sitio y aterrizar en un espacio poco mayor que el que ocupa un autobús. Quema combustible a un ritmo impresionante, porque el motor proporciona toda la sustentación a través de los rotores. Pilotarlo requiere una gran destreza, pues el piloto tiene que manejar tres mandos: el del timón, el de «paso colectivo» y el de «paso cíclico», uno más que en el avión convencional (págs. 40-41). El helicóptero ha demostrado ser muy útil en muchas situaciones, desde el control del tráfico hasta dramáticos salvamentos en naufragios.

El helicóptero tiene una larga historia, pero muchos de los primitivos experimentadores fueron considerados locos. Quizá algunos de ellos lo eran.

Palas del rotor

Cómo vuela un helicóptero

Las palas del rotor de un helicóptero son en realidad unas alas largas y delgadas. El motor las hace girar en redondo de manera que cortan el aire como un ala convencional (pág. 11). En cierto modo, el rotor es también como una enorme hélice, que eleva al helicóptero como la hélice de un avión lo hace avanzar (pág. 30).

Mandos de paso

Panel de instrumentos

Ascenso

Sin un rotor de cola, el helicóptero giraría en redondo en el sentido opuesto al de las palas del rotor principal. El rotor de cola actúa como una hélice que resiste a esta «reacción de par de torsión». También funciona como un timón de dirección y el piloto cambia la inclinación de las palas para torcer la cola a derecha o izquierda.

Planeo

Descenso

Plato oscilante

Para subir y bajar, el piloto usa el mando de «paso colectivo» que modifica el ángulo o inclinación de las palas del rotor. Cuando éstas cortan el aire casi planas, no originan ninguna fuerza de sustentación y el helicóptero desciende. Para ascender, el piloto aumenta la inclinación de las palas, con lo que se incrementa la fuerza de sustentación. Para planear, el piloto tiene que poner las palas en un ángulo intermedio. Para todos estos movimientos, el eje del rotor está provisto de un collar corredizo llamado plato oscilante que sube o baja a lo largo de unos vástagos conectados con las palas.

Para volar hacia delante o hacia atrás, o virar para dar un giro, el piloto inclina todo el rotor con el mando de «paso cíclico». Esto inclina el plato oscilante de manera que la inclinación de cada pala varía por turno al girar. En el lado en que el plato está más bajo, la pala está casi plana y la sustentación es reducida. En el lado opuesto, el plato está elevado y el ángulo de la pala proporciona una gran sustentación. El efecto es que la inclinación de las palas del rotor se invierte y el helicóptero avanza o retrocede.

Bisagras de arrastre
que se flexionan
para disminuir la
tensión sobre las
palas del rotor.

Rótula para
cambiar la
inclinación de
la pala del
rotor.

Eje del rotor

Varilla del plato oscilante
(oculto), que ajusta la
inclinación de las palas del
rotor en vuelo.

El Bell JetRanger pertenece a una serie de helicópteros pequeños, veloces y
aptos para múltiples usos, que se construyeron después de la aparición de los
motores a reacción de turbina de gas en los años cincuenta y sesenta (págs.
36-37). Cuando utilizaban motores de pistón, los helicópteros eran vehículos
muy especializados. El silencio y la fiabilidad de los motores a reacción,
especialmente cuando funcionan casi a plena potencia, marcó la diferencia.
Helicópteros como el JetRanger, que pueden transportar a cinco pasajeros a
velocidades de hasta 210 km/h, se usan actualmente en numerosas actividades
cotidianas, desde el fumigado de plantaciones hasta cortos viajes de negocios.

Motor a reacción
de turboeje
Allison, de 400 cv.

AERΩMEGA
HELICOPTERS

Patines de aterrizaje

Continúa en la página siguiente

La idea de volar con unas alas giratorias excitó la imaginación de numerosas mentes creativas en el siglo XIX. Fueron famosos los helicópteros voladores de juguete de Sir George Cayley (pág. 10), pero muchos otros inventores construyeron modelos de trabajo. Estos modelos apenas si hacían más que ascender de manera irregular por el aire y después caían. Sin embargo, el visionario Gabriel de la Landelle estaba convencido de que algún día máquinas como el «clíper de vapor» que él dibujó en 1863 (a la izquierda) surcarían majestuosamente el cielo.

Hasta a comienzos del siglo XX muchos creyeron que los helicópteros podrían aventajar a los aeroplanos de alas fijas en el aire. Se equivocaron. No obstante, en 1907, cuatro años después del primer vuelo de los hermanos Wright, este primitivo helicóptero de rotor en tándem, construido por el mecánimo francés Paul Cornu, le elevó claramente sobre el suelo, aunque sólo durante 20 segundos.

G-HUMT

Viga de cola

Estabilizadores que impiden que la viga de cola oscile hacia arriba o abajo.

Varillas de control de la inclinación de las palas del rotor

Plato oscilante

Borde de ataque de la pala del rotor

Asiento del piloto

Alojamiento del motor

A pesar del temprano éxito de pioneros como Cornu, resultó inmensamente difícil construir un helicóptero estable y gobernable. La solución la dio el invento del autogiro (págs. 48-49), que enseñó cómo podía conseguirse el control variando la inclinación (ángulo) de las palas del rotor. En 1937, el diseñador alemán Heinrich Focke construyó un aparato con el fuselaje de uno aeroplano y dos enormes rotores en vez de alas, que podía volar hacia arriba y hacia abajo, hacia delante y hacia atrás y hasta permanecer inmóvil en el aire. Unos meses después, otro alemán, Anton Flettner, había construido el primer helicóptero verdadero: una máquina ágil con dos grandes palas engranadas como una batidora. Focke y Flettner utilizaron dos rotores (que giraban en sentidos opuestos) para prevenir la reacción del par de torsión (pág. 50). Pero en 1939, Igor Sikorsky ideó el rotor de cola, mucho más simple, y su modelo experimental VS-300 (arriba) fue el primero que presentó la disposición que desde entonces ha sido usada en todos los helicópteros.

Caja de engranajes

Los helicópteros
de juguete fabricados
por Alphonse Penaud y Dandrieux
en la década de 1870, accionados
con una cinta de goma elástica,
sirvieron de inspiración a muchos
entusiastas de las alas rotatorias.

Una vez que a finales de los
años treinta se demostró la
viabilidad del helicóptero,
hubo quien vio la posibilidad
de construir pequeñas
máquinas voladoras de uso
personal, como esta curiosa
mochila diseñada por el
francés Georges Sablier. No
se sabe si llegó a volar.

Aleta de cola

Rotor de cola

El rotor de cola contrarresta la tendencia del
helicóptero a girar en redondo como reacción a las
palas del rotor y actúa como un timón de
dirección (pág. 50). En este helicóptero
Bell, las palas del rotor principal giran
en sentido contrario a las agujas del
reloj (vistas desde arriba). Así,
para mantener derecho el
helicóptero, el rotor de
cola debe empujar la
cola en el sentido de
las agujas del reloj
(hacia el lector). Para
hacerlo virar a la
izquierda, el piloto
pone planas las palas del rotor de cola permitiendo
que la cola gire en sentido contrario a las agujas del
reloj (apartándose del lector). Para hacerlo virar a la
derecha, el piloto inclina las palas del rotor de cola
para empujar con fuerza la cola en el sentido de las
agujas del reloj (hacia el lector).

EL SIKORSKY R-4 1945 (abajo)
Igor Sikorsky era ya un conocido diseñador de
aeroplanos cuando en 1917 emigró de Rusia a los
Estados Unidos. De joven había hecho también
experimentos con helicópteros y en Estados Unidos los
reanudó en los años treinta. Después de su éxito con el
VS-300 en 1939, perfeccionó su diseño con una máquina
denominda XR-4 (la X indica que se trata de un modelo
experimental). El ejército estadounidense estaba tan
convencido de los méritos del nuevo helicóptero que en
1942 hizo un gran pedido del mismo. El R-4 que se
muestra abajo es uno de los más de 400 construidos hacia
el final de la segunda guerra mundial.

Cables de control de la inclinación
del rotor de cola

Viga de cola

KK995

Rueda trasera
de aterrizaje

La
capacidad
del helicóptero
para llegar a lugares
inaccesibles es de un
valor incalculable en la
guerra.

El globo de aire caliente

EL DEPORTE DE MONTAR EN GLOBO casi dejó de practicarse después de la primera guerra mundial, principalmente porque el gas con que se llenaban los globos se había vuelto muy caro y difícil de obtener. Después, en los años sesenta, en los Estados Unidos, Ed Yost, Tracy Barnes y otros comenzaron a experimentar con globos hinchados con aire caliente, como el globo de los hermanos Montgolfier casi 200 años antes. La novedad de estos globos consistía en que las envolturas estaban hechas de nailon recubierto de poliuretano y se llenaban quemando gas propano líquido. Hoy tienen lugar periódicamente en todo el mundo acontecimientos en que se utilizan globos, así como intentos de batir el récord de distancia recorrida.

Envoltura ligera de tejido de nailon

Envoltura hecha de piezas sueltas de material que se cosen formando un dibujo.

La envoltura de un globo está hecha de un resistente material de nailon entrecruzado con un tejido irrompible. Normalmente, la corona del globo no se calienta por encima de los 120 ºC, temperatura muy inferior al punto de fusión del nailon. En lo alto del globo hay un sensor de temperatura conectado a un indicador en la barquilla.

Con el resurgir de los globos de aire caliente, los modernos materiales permitieron a los fabricantes apartarse de las formas tradicionales. Al principio construyeron globos con formas sencillas, por ejemplo de botes o botellas. Hoy es posible ver flotar en el cielo un castillo francés, un camello de dos gibas o al mismísimo tío Sam.

Cables de acero inoxidable que unen el armazón de los quemadores con unas fuertes bandas de nailon cosidas a la envoltura.

La cables terminan en sujetadores automáticos que permiten montarlos y desmontarlos fácilmente.

Quemador doble

El armazón de acero inoxidable de los quemadores cuelga de la envoltura y sostiene los cables de los que pende la barquilla.

Unas barras de nailon aseguran los quemadores por encima de la cabeza de los pasajeros, aunque en vuelo los quemadores cuelgan de los cables del globo. Los conductos de gas están sujetos a las barras y recubiertos de una envoltura protectora.

Asas de agarre para el personal de tierra.

Inflar el globo es quizá la operación más delicada. En la foto, el quemador se utiliza para inflar el globo en el suelo

Quemador
piloto

Armazón
de los
quemadores.

Quemador
de
llama.

Serpentín calentado por el quemador
piloto, en el que el propano líquido,
conducido por el tubo grueso, es
rápidamente vaporizado para proporcionar
la llama.

Extintor de
incendios

El aire caliente que hincha el globo es
suministrado por un quemador
alimentado con gas propano
líquido y diseñado
especialmente para globos. Un
tubo delgado conduce gas a un
quemador piloto
constantemente encendido y
un tubo grueso lleva gas
líquido a la válvula de la llama.
Cuando el piloto abre la válvula, sale
disparada una potente llama de 3 a 4
metros de longitud que envía una
ráfaga de aire caliente a la envoltura. Para
mantener la altura, el piloto suele abrir la válvula
durante unos segundos y después la cierra durante
medio minuto.

Tubo delgado
que conduce gas
propano al
quemador piloto.

Tubo grueso que
conduce propano
líquido a la válvula
de la llama.

Llave
que da salida
al líquido de la
parte inferior del
cilindro para
alimentar la
llama.

Los cilindros de gas propano están
fabricados generalmente de
aluminio o acero inoxidable,
resistente pero ligero,
almohadillado para disminuir el
riesgo de que los pasajeros se
golpeen con ellos en un aterrizaje
brusco. Cada cilindro contiene
unos 40 litros, gas suficiente para
40 minutos de vuelo
aproximadamente.

Asas para que los
pasajeros se
agarren durante el
aterrizaje.

Barandilla
almohadillada

Llave que da salida
al gas de la parte
superior del
cilindro para
alimentar el
quemador piloto.

La tradicional cesta
de mimbre sigue
constituyendo
la mejor combinación de
ligereza y resistencia flexible.
En los globos de aire caliente
no hay anillo de carga
(págs. 8-9). La cesta cuelga del
armazón de los quemadores
mediante cables de acero
inoxidable que dan la vuelta por
debajo de la cesta y se aseguran en
el tejido de mimbre.

El dirigible

Parecía que la época del dirigible había pasado cuando estos vehículos voladores sufrieron varios accidentes trágicos poco antes de la segunda guerra mundial (pág. 9) y los gigantes de los años de entre guerras desaparecieron. Sin embargo, la capacidad del dirigible de permanecer en el aire hora tras hora aún fue aprovechada para tareas como vigilancia de submarinos. Hasta el final de la década de 1960 se siguieron construyendo pequeños dirigibles no rígidos, llenos de helio, que es un gas no inflamable y sin peligros. Más tarde, en los años ochenta, empezó a fabricarse una nueva generación de dirigibles de mayor tamaño, hechos de materiales modernos, como fibra de carbono y compuestos plásticos, y rellenos de helio, en vez del hidrógeno de los primeros dirigibles.

Los dirigibles llenados con hidrógeno corrieron siempre el peligro de incendiarse. Casi la mitad de los 72 dirigibles utilizados por las fuerzas aéreas alemanas en la primera guerra mundial se incendiaron y el fuego que destruyó al *Hindenburg* (pág. 9) supuso el final de los dirigibles gigantes.

Morro de fibra de vidrio reforzada al que se sujeta el cable de amarre.

Aunque de gran tamaño —unos 55 metros de largo—, el Skyship 500HL resulta muy pequeño comparado con los dirigibles gigantes anteriores a la segunda guerra mundial, como el *Hindenburg*, que tenía una longitud de 245 m. No obstante, existen planes para construir naves más grandes, de más de 120 m de longitud, capaces de permanecer en el aire durante un mes o más tiempo y servir de estaciones de vigilancia frente a posibles ataques enemigos.

Válvula automática del globo.

Lastre sólido para emergencias

Toma de aire para el llenado de los globos

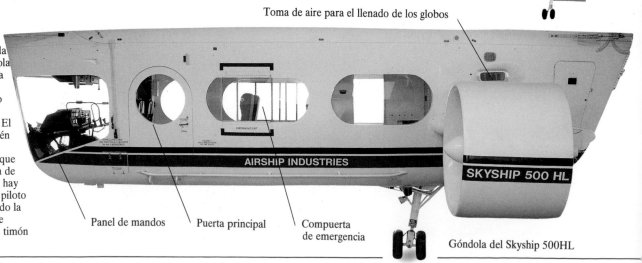

Los pasajeros y la tripulación viajan en una cabina colgada debajo de la envoltura y llamada góndola o barquilla. Hecha de fibra de carbono, ligera y resistente, ofrece el mismo grado de confort que cualquier avión moderno. El panel de mandos es también similar al de un avión convencional, excepto en que no tiene pedales del timón de dirección. Como tampoco hay alerones (págs. 40-41), el piloto dirige la aeronave moviendo la horquilla de la columna de control para hacer girar el timón hacia un lado u otro.

AIRSHIP INDUSTRIES

SKYSHIP 500 HL

Panel de mandos

Puerta principal

Compuerta de emergencia

Góndola del Skyship 500HL

Cuando el dirigible se eleva, ocho válvulas como ésta se abren automáticamente para que salga el aire de las bolsas neumáticas.

Dentro de la envoltura del Skyship llena de helio hay dos bolsas repletas de aire, llamadas *ballonets*, que tienen como función reducir la pérdida del precioso gas helio. Cuando el dirigible asciende, la presión atmosférica disminuye y el gas se expande. En vez de desperdiciar helio, se abren unas válvulas automáticas que dejan salir el aire de los ballonets (arriba). Cuando el dirigible desciende, se introduce aire para volver a llenar los ballonets (a la derecha).

Al ascender el dirigible, el ballonet trasero se mantiene más lleno de aire y más pesado, lo que ayuda al morro a elevarse. Al descender, en el delantero se introduce más aire, lo que hace bajar al morro.

Timón de dirección, que hace virar al dirigible a la derecha o la izquierda

Aletas del timón de profundidad, que ayudan al dirigible a ascender o a picar.

G-SKSB

Envoltura de poliéster forrada de una capa especial inatacable por el gas.

Dos grandes hélices, accionadas por motores de coche Porsche 911, propulsan al Skyship a velocidades de hasta 160 km/h. Están encerradas en sendos cilindros para disminuir el ruido, aumentar la propulsión y proteger al personal de tierra. Los cilindros giran para dirigir el impulso hacia arriba o abajo en el despeque o en el aterrizaje respectivamente.

Compartimiento del motor

Vista desde atrás de la góndola del Skyship 500HL.

Turbohélice

Ruedas para maniobrar sólo en el suelo; el aterrizaje es efectuado por el personal de tierra con cables de amarre.

Soportes de las hélices

Depósito de lastre que contiene 450 kg de agua

Hélices orientables permiten el despegue vertical. También ayudan al dirigible a aterrizar. Si así no fuera, habría que soltar parte del valioso helio para aumentar el peso de la aeronave, especialmente cuando el tanque de combustible está vacío y pesa poco, después de un largo vuelo.

Los modernos planeadores

Las aves de presa enseñaron al hombre a elevarse mediante el aire caliente ascendente.

Aunque los planeadores desempeñaron un importante papel en los inicios de la aviación (págs. 10-11), perdieron interés después de que se consiguió volar con motor. El problema de los planeadores era que, al no tener motor, sólo podían volar «hacia abajo» y, durante largo tiempo, ningún planeador logró permanecer en el aire más de unos pocos segundos. A comienzos de la década de 1920 se descubrió que el planeador puede elevarse gracias al viento al lanzarlo desde una montaña o colina, de tal manera que expertos pilotos podían mantenerse en alto durante horas. Pocos años más tarde se descubrió que, incluso lejos de montes, los pilotos de planeadores podían alzar el vuelo aprovechando las «térmicas», corrientes ascendentes de aire calentado por el suelo. Desde entonces, el deporte del planeo se ha vuelto cada vez más popular y el planeador ha evolucionado hasta convertirse en una de las máquinas voladoras más aerodinámicas y elegantes.

Se puede lanzar un planeador de varias formas. Utilizando un coche de potente motor se remolca con un largo cable al planeador hasta que éste se eleva en el aire. Del mismo modo cabe usar un potente torno. Ambos métodos son baratos y rápidos, pero sólo permiten elevarse al planeador hasta unos 300 m de altura. Si el piloto no encuentra rápidamente la sustentación del aire ascendente, el vuelo no durará más de unos pocos minutos. Mucho más eficaz es utilizar para remolcar el planeador un avión de motor (abajo y a la derecha), pero también requiere más tiempo y es más caro.

El avión despega normalmente remolcando al planeador

Un avión de motor remolca al planeador con un cable de 40 m

Los aerofrenos emergen de las alas en ángulo recto para ayudar al descenso en el aterrizaje.

Los extremos de las alas doblados hacia abajo impiden que los alerones choquen contra el suelo y reducen la turbulencia.

Los modernos planeadores como este Schleicher K23 monoplaza están hechos de fibra de vidrio reforzada. Este material es fuerte y ligero y puede ser moldeado de manera que presente una superficie extraordinariamente lisa, de poca resistencia al avance. Gracias a sus finas líneas y al estudiado perfil de las alas, planeadores como éste son de una gran eficiencia aerodinámica y tienen por lo general un «relación de planeo» de 1:45. Esto quiere decir que sólo desciende 1 m en cada 45 m de avance. Los planeadores de competición aún mejoran este rendimiento.

Alerón

Panel de instrumentos

Al principio, muchos clubes de planeo estaban emplazados en cimas de montañas y era frecuente lanzar los planeadores con un equipo que corría hacia el borde de la cima remolcando el planeador con una cuerda elástica. Cuando el planeador despegaba del suelo, era catapultado por los aires.

En la punta del morro se sujeta el cable que sirve para remolcar al planeador.

Timón de profundidad

Cola en T

El planeador suelta el cable de remolque a la altura deseada

En la segunda guerra mundial se utilizaron en ocasiones grandes planeadores como el Airspeed Horsa (a la izquierda) para el desembarco silencioso de tropas y equipo detrás de las líneas del enemigo. Pero si eran descubiertos, su lentitud los hacía muy vulnerables.

Una vez libre del planeador, el avión remolcador acelera rápidamente y se aleja en picado.

Al esbelto fuselaje se le da una forma de huso muy estudiada para disminuir al mínimo la resistencia al avance. Incluso en la parte que aloja la cabina del piloto es lo más delgado posible y cerca de la cola su diámetro mide menos de 30 cm. La aleta de cola suele tener una forma en T, no sólo para conseguir una mayor eficiencia aerodinámica, sino también para proteger al estabilizador horizontal de plantas altas si tiene que realizar un aterrizaje forzoso en un campo cultivado.

Depósitos de las alas que contienen agua para añadir peso en virajes a gran velocidad volando campo a través; este lastre puede ser arrojado después para dar vueltas más lentamente.

Asiento semirreclinado del piloto por la poca altura de la cabina

En los extremos, todas las alas pierden algo de su sustentación porque el aire que fluye por debajo se curva sobre la parte superior. Cuanto más larga es el ala, menos se nota este efecto, por lo que los planeadores tienen alas larguísimas.

EVW

EVW

Timón de dirección

Sujeción del cable de remolque

Cometas para vuelos humanos

LA IDEA DE VOLAR sólo con un par de alas parecía haber sido olvidada después de la muerte de Lilienthal y de otros pioneros de los planeadores hacia el año 1900 (págs. 10-11). Después, en los años cuarenta, un estadounidense llamado Francis Rogallo creó una nueva cometa utilizando un ala delta (triangular) de tela. En un principio se usó simplemente como un paracaídas gobernable para trasladar equipo de vuelta a la Tierra desde el espacio. Pero algunas personas comenzaron a volar colgándose de las alas de Rogallo y dirigiéndolas con el desplazamiento de su propio cuerpo. La iniciativa tuvo éxito. Pronto hubo por todo el mundo deportistas que se lanzaban con alas delta corriendo desde montañas. Este es en la actualidad uno de los deportes aéreos más populares.

Las primeras alas delta, del tipo Rogallo, descendían rápidamente, logrando sólo una relación de planeo (pág. 58) de 1:2,5. Así, los vuelos eran emocionantes, pero breves. Después las alas planeadoras han sido gradualmente perfeccionadas y hoy son largas y estrechas, mucho más parecidas a las alas convencionales que las primitivas alas delta. A la superficie simple original se ha añadido otro tejido inferior que le da un perfil más aerodinámico. El resultado es que la relación de planeo es ahora de 1:14 o mejor y las alas planeadoras son capaces, como los planeadores, de aprovechar las térmicas para realizar vuelos de más de 160 km.

Ala hecha de tejido de dacrón ligero y resistente.

Costillas de aluminio que mantienen la forma del ala.

Borde de salida reforzado con milar

En las primeras alas delta, el piloto solía colgarse de unos arneses adaptados del alpinismo. Para reducir la resistencia al avance y aumentar la comodidad del piloto, esos arneses han sido sustituidos por largos sacos, tan resistentes y confortables que un piloto puede volar durante varias horas sin cansarse ni pasar frío.

Enganche

Correas para los hombros

Agujeros para meter los brazos

Saco del piloto

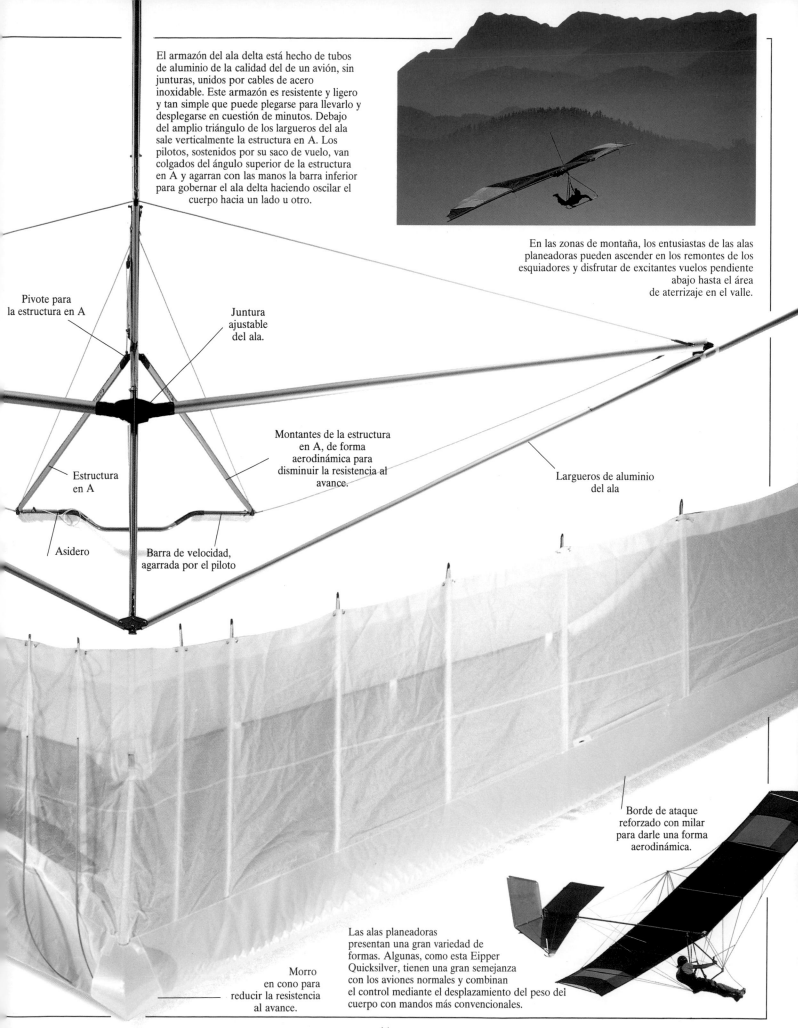

El armazón del ala delta está hecho de tubos de aluminio de la calidad del de un avión, sin junturas, unidos por cables de acero inoxidable. Este armazón es resistente y ligero y tan simple que puede plegarse para llevarlo y desplegarse en cuestión de minutos. Debajo del amplio triángulo de los largueros del ala sale verticalmente la estructura en A. Los pilotos, sostenidos por su saco de vuelo, van colgados del ángulo superior de la estructura en A y agarran con las manos la barra inferior para gobernar el ala delta haciendo oscilar el cuerpo hacia un lado u otro.

En las zonas de montaña, los entusiastas de las alas planeadoras pueden ascender en los remontes de los esquiadores y disfrutar de excitantes vuelos pendiente abajo hasta el área de aterrizaje en el valle.

Pivote para la estructura en A

Juntura ajustable del ala.

Montantes de la estructura en A, de forma aerodinámica para disminuir la resistencia al avance.

Largueros de aluminio del ala

Estructura en A

Asidero

Barra de velocidad, agarrada por el piloto

Borde de ataque reforzado con milar para darle una forma aerodinámica.

Las alas planeadoras presentan una gran variedad de formas. Algunas, como esta Eipper Quicksilver, tienen una gran semejanza con los aviones normales y combinan el control mediante el desplazamiento del peso del cuerpo con mandos más convencionales.

Morro en cono para reducir la resistencia al avance.

61

Aviones portátiles

Desde los primeros días de los vuelos con motor, los entusiastas soñaron con pequeños aviones que fueran lo suficientemente económicos y prácticos como para poder ser utilizados por la gente corriente. Sin embargo, hasta fechas recientes, incluso aviones como los básicos y populares de la serie De Havilland Moth (pág. 43) seguían siendo unas máquinas caras y complicadas. En 1973, el australiano Bill Bennett, pionero de las alas planeadoras, empezó a experimentar con una de estas alas y un motor de sierra de cadena que accionaba una hélice propulsora detrás del piloto. Su invento no era muy seguro, pero funcionó: había nacido el «microligero». Desde entonces, la forma en que el motor está instalado se ha hecho mucho más práctica y segura y se ha perfeccionado el armazón para que pueda soportar más carga. En la actualidad, los microligeros vuelan ya por todo el mundo. Algunos conservan alas flexibles. Otros, especialmente en los Estados Unidos y en Australia (donde se conocen con el nombre de «ultraligeros»), han evolucionado hasta convertirse en aviones en miniatura con alas fijas y planos de control.

Larguero de aluminio del ala

Cable tensor

Al igual que el ala planeadora de las páginas 60-61, un microligero de ala flexible, como este Solar Wings Pegasus Q, tiene un ala triangular plana de dacrón. Pero es más ancha que la de las alas planeadoras para sustentar el peso adicional del motor, del triciclo y de los dos tripulantes.

El diminuto monoplano n.° 19 del pionero brasileño Alberto Santos-Dumont tenía una envergadura de alas de 6 m y fue quizá el primer microligero. Santos-Dumont lo diseñó en París en 1907 como un «utilitario» que podía desmontarse y llevarse en el coche.

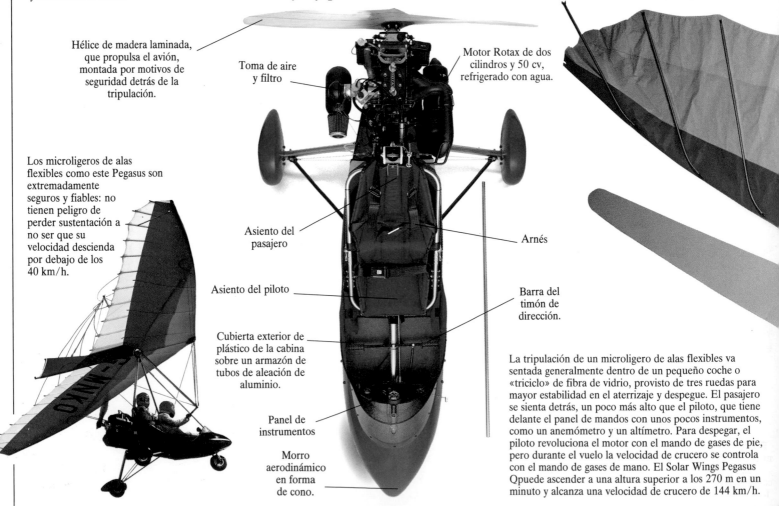

Hélice de madera laminada, que propulsa el avión, montada por motivos de seguridad detrás de la tripulación.

Toma de aire y filtro

Motor Rotax de dos cilindros y 50 cv, refrigerado con agua.

Los microligeros de alas flexibles como este Pegasus son extremadamente seguros y fiables: no tienen peligro de perder sustentación a no ser que su velocidad descienda por debajo de los 40 km/h.

Asiento del pasajero

Arnés

Asiento del piloto

Barra del timón de dirección.

Cubierta exterior de plástico de la cabina sobre un armazón de tubos de aleación de aluminio.

Panel de instrumentos

Morro aerodinámico en forma de cono.

La tripulación de un microligero de alas flexibles va sentada generalmente dentro de un pequeño coche o «triciclo» de fibra de vidrio, provisto de tres ruedas para mayor estabilidad en el aterrizaje y despegue. El pasajero se sienta detrás, un poco más alto que el piloto, que tiene delante el panel de mandos con unos pocos instrumentos, como un anemómetro y un altímetro. Para despegar, el piloto revoluciona el motor con el mando de gases de pie, pero durante el vuelo la velocidad de crucero se controla con el mando de gases de mano. El Solar Wings Pegasus Q puede ascender a una altura superior a los 270 m en un minuto y alcanza una velocidad de crucero de 144 km/h.

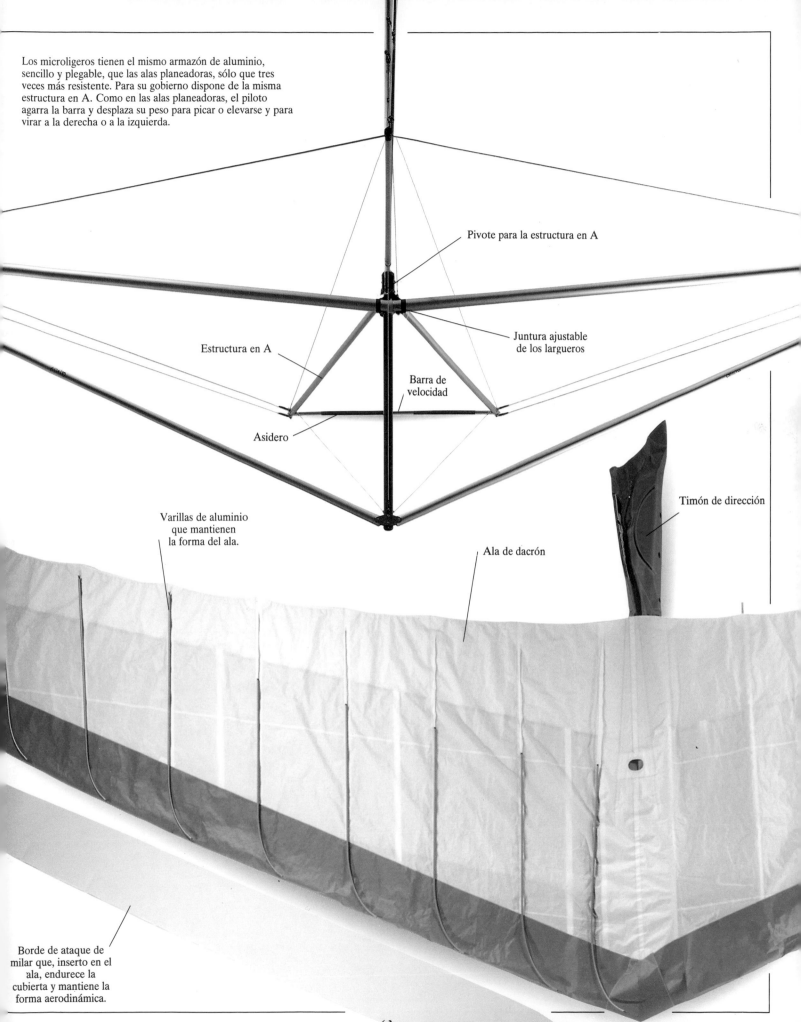

Los microligeros tienen el mismo armazón de aluminio, sencillo y plegable, que las alas planeadoras, sólo que tres veces más resistente. Para su gobierno dispone de la misma estructura en A. Como en las alas planeadoras, el piloto agarra la barra y desplaza su peso para picar o elevarse y para virar a la derecha o a la izquierda.

Pivote para la estructura en A

Juntura ajustable de los largueros

Estructura en A

Barra de velocidad

Asidero

Varillas de aluminio que mantienen la forma del ala.

Timón de dirección

Ala de dacrón

Borde de ataque de milar que, inserto en el ala, endurece la cubierta y mantiene la forma aerodinámica.

Índice

A

acrobacias aéreas, 16, 22, 41, 42
Ader, Clement, 13
aerodinámica, 30
Aerodrome, 13
aerofreno, 34, 58
Airship Industries, 56; Skyship 500HL, 56-57
Airspeed Horsa, planeador, 59
alabeo, 14, 22, 40-41, 47
alas, 6-7, 10-11, 12, 14-15, 18, 20-21, 24, 26-27, 32-33, 34, 40, 43, 49, 59; combadura, 11, 13, 23; forma, 11; funcionamiento, 11; largueros, 62, 63; recubrimiento, 7, 11, 12, 14, 20-21; tirantes, 11, 19, 20-21, 26, 63
alas planeadoras, 10, 60-61, 62
Alcock, John, 32, 42
alerones, 23, 26, 27, 33, 34, 35, 41, 58
aletas, 27, 59
altímetro, 42, 43, 46-47
Allison, motor, 51
ametralladora, 19; mecanismo interruptor, 19, 31
anemómetro, 43, 44, 46
Anzani, Alessandro, 15; motor, 15, 22, 28, 29
Arlandes, marqués de, 8
armazón o estructura, 15, 19, 20, 21, 23-25, 32, 34
Armstrong Siddeley, 49
Armstrong-Whitworth, 39
arneses, de alas planeadoras, 60-61; de microligeros, 62
ascenso (encabritado), 42, 47, 50, 63; del avión, 57; del globo, 9, 55; del helicóptero, 50
aterrizaje, 34, 39, 43; amortiguadores, 8, 24, 38, 39; aproximación, 45, 47; del hidroavión, 57; luces, 44; patines, 38, 51; ruedas, 38-39; tren de, 38-39
Atlántico, travesía del, 9, 32, 42
atuendo de aviador, 16-17
autogiro, 48-49

B

BAe146, 34-35
barniz, 20, 24
barómetro, 9
barrena, 40
Bell, Alexander, 11
Bell JetRanger, 50-51, 52-53
Bell X-1, avión cohete, 36
Bennett, Bill, 62
Besnier, 6

biplano, 18-21, 24, 43
bisagras, 49, 51
Blériot, Louis, 14-15, 18, 28, 29, 40; Type XI, 14-15, 22
Boeing 247B, 32-33; 707, 35; 747, 9, 35; 747-400, 22
bolsas de aire del dirigible («ballonets»), 56-57
bombardero, 20, 24, 42
Bristol, caza, 19
Brown, Arthur, 32, 42

C

cabeceo, 40-41
cabina, del piloto, 14, 42-43, 59, 62; de cristal, 45; presurizada, 33, 34-35
caja negra, 47
Camm, Sidney, 24
canal de la Mancha, travesía del, 7, 14-15, 28
casco de aviador, 17
Cayley, Sir George, 10, 52
cazas, 19
Cessna 172E Skyhawk, 27
Concorde, 36, 37
control, 14, 40-41; columna de, 14, 40-41, 42-43; electrónico, 34; horquilla, 45, 56; volante, 42
Cornu, Paul, 52
costillas, 7, 11, 26, 60

CH

Chanute, Octave, 11
Charles, Jacques, 8
Chauvière, 15

D

Dandrieux, 53
De Havilland, Comet, 35; Dragon, 33; Moth, 62; Tiger Moth, 43
Dédalo, 6
Deperdussin, 22, 38, 42
descenso (picado), del avión, 57; del globo, 9; del helicóptero, 50
dirigible, 9, 56-57
Douglas DC-8, 35

E

Eipper Quicksilver, 61
Elliott, altímetro de, 47
entrada en pérdida, 27, 39, 40, 43
ENV, motor, 28
Éole, 13
estabilizador, horizontal, 12, 15, 27, 33, 48, 59; vertical, 27
estatoscopio, 9

F

Fairey-Reed, 25, 31
Farnborough, 46
flaps, 20, 34, 35, 45
flotadores, 25, 38
Flyer, 14, 27, 48
Focke, Heinrich, 52
Fokker, triplano, 18
frenos, 38
fuselaje, 22, 23, 26, 27, 34, 59; sección del, 34

G

Giffard, Henri, 9
giroscopio, 46-47
globo, aro de carga, 8, 55; cesta, 8-9, 54-55; de aire caliente, 8, 54-55; de gas, 8-9, 54; envoltura, 54; hinchado, 9, 54
Gloster, E28/39, 36
Gnome, motor, 23
góndola del dirigible, 56-57
Gossamer Albatross, 7
grabadora de los datos de vuelo, *ver* caja negra
guerra mundial, primera, 1, 17, 18-21, 31, 32, 42, 47, 56
guerra mundial, segunda, 32, 38, 39, 46, 48, 53, 59
guiños, 40-41

H

Handley Page, Heracles, 33
Hawker Hart, 24, 39
Hele-Shaw-Beacham, hélice, 31
hélice, 12, 18, 24, 25, 26, 29, 30, 49, 57, 62; de paso variable, 31, 33
helicóptero, 50-51, 52-53; de juguete, 48, 52-53
Henson, William, 12-13
hidroavión, 21, 33
Hindenburg, 9, 56
Hispano-Suiza, motor, 19
horizonte artificial, 45, 46-47

I

Icaro, 6
Immelmann, giro de, 18
Imperial Airways, 33
inclinación, cíclica, 50; colectiva, 50; controles de helicóptero, 50-51, 52, 53
inclinómetro, 42
Instone, empresa naviera, 32
instrumentos, 42-43, 44-45, 46-47, 62; digitales, 26
Integrale, hélice, 31

J

jumbo, reactor, *ver* Boeing 747

K

Kingsford Smith, Charles, 32

L

Landelle, Gabriel de la, 52
Lang, hélice, 31
Langley, Samuel Pierpoint, 13
largueros del fuselaje, 20
lastre, del dirigible, 57; del globo, 8, 55; del planeador, 59
Leonardo da Vinci, 6-7
Lewis, ametralladora, 20
Lilienthal, Otto, 10-11, 60
Lindbergh, Charles, 26, 32
línea visual, 47

M

Macchi, 25
Mach, *ver* sonido, velocidad del
magneto, 42
mando de gases, 42, 43, 44
martinete, 33
microligeros, 26, 62-63
monocasco, 23, 24
monoplanos, 15, 18, 22, 24, 25, 32, 33, 39
montantes, 20-21, 22, 23
Montgolfier, 8, 54
motor, de arranque, 42, 44; de gasolina, 12, 13, 26, 28; de pistón, 28, 29; de vapor, 12; radial, 29, 33; refrigerado por agua, 28, 29; rotatorio, 29

N

navegación, 16, 34, 44-45, 46-47
neumáticos, 39

O

Ogilvie, 46
Ohain, Pabst von, 36
ornitóptero, 6-7

P

Pacífico, travesía del, 32
palanca de mando, *ver* columna de control
panel de instrumentos, 32, 44-45, 56
parabrisas, 42, 43
paracaídas, 10, 60
Paragon, hélice, 30
Passat, Maurice, 7
Paulhan, Louis, 16
Pégoud, Adolphe, 16
Penaud, Alphonse, 53
Phillips, Horatio, 30
piloto automático, 32, 40
Pitcairn, autogiro, 48
Pitot, tubo de, 46

planeadores, 10-11, 58-59, 60
planeo, 50
plato oscilante, 50-51, 52
Pobjoy, motor, 27
Porsche, motor, 57
Pratt and Whitney, motor «Avispa», 33
propfan, 31

R

reacción, avión a, 36, 38, 39; avión de pasajeros, 38, 39, 44-45; motor de, 28, 31, 34-35, 36-37, 51; turboeje, 51; turbofan, 34-35, 36-37; turboprop, 29, 36; turborreactor, 36
relación de planeo, 58, 60
resistencia al avance, 18, 21, 24, 25, 32, 34, 58, 59
riostras, 20, 21, 23, 25, 38
Robert, Mario-Noel, 8
Rogallo, Francis, 60
Rolls-Royce R, 25; Kestrel, 24; Tay, 36-37
rotación, vuelo mediante, 48-49, 50-51, 52-53
Rotax, motor, 26, 62
Rotherham, bomba, 18
rotor, aspas, 49, 50-51, 52-53; de cola, 50, 52-53; inclinación, 50-51, 52
Rozier, François de, 8

S

Sablier, Georges, 53
saco del piloto de alas planeadoras, 60
Santos-Dumont, Alberto, 62
Saunders Roe Princess, 29
Scarff, anillo giratorio, 20
Schleicher K23, 58-59
Schneider, trofeo, 25
Seguin, hermanos, 29
Short Sarafand, 21
Sidcot, traje, 16
Sikorsky, Igor, 52-53; R-4, 52-53; VS-300, 52; XR-4, 53
Snowbird, 26-27
Solar Wings Pegasus Q, 62
sonido, velocidad del, 36, 37, 46
Sopwith Pup, 23
Sperry, Elmer, 46
Spirit of St. Louis, 26
Spitfire, *ver* Supermarine
spoiler, 27, 34, 35
Stringfellow, 12-13
Sunbeam, 31
superalimentados, motores, 25
superficie del avión, 32, 34, 35
Supermarine S6, 25; S6B, 25; Spitfire, 39
sustentación, 11, 26, 40, 41, 49, 50, 59

T

Tatlin, Vladimir, 7
térmicas, 58
Tiger Moth, *ver* De Havilland
timón de dirección, 13, 15, 19, 20, 21, 27, 40-41, 50, 53, 57, 59; barra del, 40-41, 42, 43
timón de profundidad, 12, 13, 15, 20, 21, 27, 40, 57, 59
torno para lanzamiento de planeadores, 58
torsión de las alas, 14, 22, 23
torsión, reacción de, 50, 53
tren de aterrizaje, 14, 19, 22, 24, 26, 32, 38-39; retráctil, 32-33, 38-39
triciclo, microligero, 62
tubo de rayos catódicos, 44-45
turbina, *ver* reacción, motor de
turbofan, *ver* reacción, motor de
turboprop, *ver* reacción, motor de
turborreactor, *ver* reacción, motor de

U

ultraligeros, 62-63

V

válvula de la llama del globo de aire caliente, 55
Vehículo Aéreo de Vapor, 12-13
velero, *ver* planeador
velocidad, barra de, en las alas planeadoras, 61; en los microligeros, 63
velocidad del aire, 32, 43, 45, 46-47
Vickers, ametralladora, 19, 23
Vickers, Vimy, 42
virajes, 14, 18, 21, 27, 40-41, 42, 46, 47; indicador de, 47
vuelo de las aves, 6-7

W

Weslake, motor, 29
Whittle, Sir Frank, 36
Wotan, hélice, 31
Wright, Orville y Wilbur, 11, 14, 27, 30, 46, 48, 52; hélice, 30

Y

Yeager, Chuck, 36
Yost, Ed, 54

Z

Zeppelin, 9

Iconografía

s = superior; c = centro;
i = inferior; iz = izquierda;
d = derecha

Airship Industries: 57id
Austin J. Brown: 27sd, 35sd, 36sd, 55ciz
British Aerospace: 35id, cd
Harmon: 53id
Hulton Picture Library: 9sc, id, 48si, 52sd
Jerry Young: 55iiz
Mary Evans Picture Library: 6sc, iiz, 8iiz, 11sd, id, 14izc, 15dc, 20si, 21id, 26siz, 32siz, 33id, 39id, 48izc, 52siz, 53siz, 56siz
Michael Holford: 10sc
Popperfoto: 39sd, 53sd
Quadrant: 49ic
Retrograph Archive: 6izc
Robert Hunt Library: 18iiz

Solar Wings: 60iiz, 62iiz
The Science Museum, Londres: 10iiz, 12ic, 13id
Zefa: 37id, 60sd, id

Ilustraciones de: Mick Loates, Peter Bull

Documentación gráfica: Suzanne Williams

Han colaborado:
Dorling Kindersley desea dar las gracias por su colaboración en las páginas que se indican:
a Aeromega Helicopters, Stapleford, Inglaterra: pp. 50-51, 52-53
a Airship Industries, Londres: pp. 56-57; y especialmente a Paul Davie y Sam Ellery
a Bristol Old Vic Theatre, Bristol, Inglaterra: pp. 54-55, 60-61, 62-63; y especialmente a Stephen Rebbeck
a British Aerospace, Hatfield: pp. 34-35, 44-45

a Cameron Balloons, Bristol, Inglaterra: pp. 54-55; y especialmente a Alan Noble
a Musée des Ballons, Forbes Chateau de Balleroy, Calvados, Francia: pp. 8-9
a Noble Hardman Aviation, Crickhowell, Gales: pp. 26-27
a Penny & Giles, Christchurch, Inglaterra: p. 47 («caja negra»)
a RAF Museum, Hendon, Londres: pp. 16-17, 23, 24, 26, 38-39, 48-49, 52-53; y especialmente a Mike Tagg
a SkySport Engineering, Sandy, Bedford, Inglaterra: pp. 18-19, 20-21; y especialmente a Tim Moor y a todo el equipo de SkySport
a Rolls-Royce, Derby, Inglaterra: pp. 36-37
a Solar Wings Limited, Marlborough, Inglaterra: pp. 60-61, 62-63; y especialmente a John Fack

a The Hayward Gallery, Londres, y Tetra Associates: pp. 6-7
a The London Gliding Club, Dunstable, Inglaterra: pp. 58-59; y especialmente a Jack Butler
a The Science Museum, Londres: pp. 10-11, 12-13, 25, 28-29, 30-31, 39, 40, 46-47; y especialmente a Peter Fitzgerald
a The Science Museum, Wroughton, Inglaterra: pp. 32-33; y especialmente a Arthur Horsman y Ross Sharp
a The Shuttleworth Collection, Old Warden Aerodrome, Berdford, Inglaterra: pp. 14-15, 22, 38, 40-41, 42-43; y especialmente a Peter Symes
a John Bagley, del Science Museum, por su ayuda en el texto
a Lester Cheeseman por aportar su experiencia editorial